Knaur.

Knaur.

Über den Autor:
Michael Koglin, geboren 1955, lebt seit fast dreißig Jahren in Hamburg und wurde mehrfach mit Literaturpreisen ausgezeichnet. Neben zahlreichen Sachbüchern schrieb er Kurzgeschichten, Dreh- und Kinderbücher, Theaterstücke und etliche Kriminalromane. *Dinner for One – Killer for Five* wurde auch für die Bühne bearbeitet und an zahlreichen Orten in der Schweiz und in Deutschland aufgeführt.
Michael Koglin ist Mitglied von SYNDIKAT, der Vereinigung deutscher Kriminalschriftsteller. Zuletzt erschien sein Hard-boiled-Thriller *Blutteufel*.
Weitere Infos unter: www.michael-koglin.de

Michael Koglin

DINNER FOR ONE – KILLER FOR FIVE

Der 90. Geburtstag
und was wirklich geschah

Mit Illustrationen von
Rudi Hurzlmeier

Knaur Taschenbuch Verlag

Dieser Titel erschien im Knaur Taschenbuch Verlag bereits 2010
unter der Bandnummer 50803.

Besuchen Sie uns im Internet:
www.knaur.de

Sonderausgabe Februar 2012
Knaur Taschenbuch
Ein Unternehmen der Droemerschen Verlagsanstalt
Th. Knaur Nachf. GmbH & Co. KG, München
© 2002 Droemer Verlag
Ein Unternehmen der Droemerschen Verlagsanstalt
Th. Knaur Nachf. GmbH & Co. KG, München
Alle Rechte vorbehalten. Das Werk darf – auch teilweise – nur mit
Genehmigung des Verlags wiedergegeben werden.
Umschlaggestaltung: ZERO Werbeagentur, München
Umschlagabbildung: Rudi Hurzlmeier
Druck und Bindung: GGP Media GmbH, Pößneck
Printed in Germany
ISBN 978-3-426-51278-4

DINNER FOR ONE –
KILLER FOR FIVE

Sir Toby

»Sind Sie sicher, dass Sie dieses Kleid tragen wollen, Miss Sophie?«

»James?«

»Nun, ich meine, es scheint mir etwas frisch zu sein heute Abend und da ...«

»Aber James.«

»Und diese pfirsich...«

»Cremefarben, James, es ist cremefarben.«

»Ich meine nur, es könnte unpassend ...«

»Unpassend ist Ihre Meinung, James.«

»O ja, Miss Sophie, es ist, also es ist eine frische Farbe, frisch wie der Frühling und ...«

»James, haben wir wieder am Port ...«

»Aber nein, Miss Sophie.«

Miss Sophie verließ den Salon, um im Ankleidezimmer ihre Vorbereitungen für den Abend abzuschließen. James blickte ihr wütend nach. Lächerlich würde sie sich machen mit diesem Windhund. Ungeduldig wischte er mit dem Wedel aus Straußenfedern über die Anrichte. Die Porzellanhunde rutschten gefährlich nahe an den Rand. Sollten sie doch herunterfallen, es ging ohnehin alles zu Bruch! Ja, Scherben passten genau in diese Situation. Nun war es schon zur Gewohnheit geworden, jede Woche ließ sie sich von diesem windigen Sir Toby zu einem Tänzchen in Browns Café ausführen, und man wusste ja, wie so etwas endete. Mit Tränen und Migräne. Besonders, wenn es sich um ein spätes Mädchen ... Er hatte sich in Rage versetzt und die Worte zornig knurrend ausgesprochen. Vergeblich versuchte er, sie mit einem Räuspern zu überspielen. Miss Sophie stand in der Tür, ihren Rougepinsel noch in der Hand. Die Federboa um ihr Dekolleté bebte.

»Bitte, James?«

»Oh, nichts.«

»Wie lange haben wir jetzt das Vergnügen miteinander?«
Die Federn um ihren Hals zitterten heftiger.

»Wie lange ich das Vergnügen habe, für ... ähh, also ... Miss Sophie?«

»Nicht einmal daran können Sie sich erinnern. Dabei ist es noch gar nicht so lange her, seit Sie in meine Dienste getreten sind.«

»Sehr wohl, Miss Sophie.«

»Wir wollen das Arbeitsverhältnis doch nicht verkürzen, nicht wahr, James?«

»O nein, Miss Sophie.«

»Fein. James, ich denke, es wird spät werden.«

»Ja, Miss Sophie.«

James hörte den knatternden Motor und dann die Bremsgeräusche eines Wagens. Er band sich seine Arbeitsschürze über den Frack und schob geräuschvoll einen Stuhl an den Esstisch. Wie konnte er Miss Sophie nur begreiflich machen, worauf sie sich da einließ? Dieser Sir Toby hatte nicht nur einen äußerst zweifelhaften Ruf, er war auch ... James spürte, wie ein kalter Schauer seinen Rücken hinunterlief. Niemals hätte er gedacht, dass er ihm tatsächlich einmal leibhaftig begegnen würde. Und schon gar nicht unter diesen Umständen. Es war grotesk. Geradezu unwirklich. Aber auf keinen Fall würde er sich seine Stellung in diesem Haus nehmen lassen. Das kam überhaupt nicht in Frage. Außerdem hatte er eine Verpflichtung Miss Sophie gegenüber. Sicher, sie war temperamentvoll und strahlte eine gewisse Robustheit aus, doch andererseits wusste *er* von ihrer Verletzlichkeit. Und die Welt konnte ihren Bewohnern ein sehr hartes Los auferlegen. Wer wüsste besser als er, wie brutal das Schicksal zuschlagen konnte? Ja, die Welt konnte erbarmungslos sein, besonders in dieser Zeit, in der die Liebe nur noch ein Geschäft war und niemand Rücksicht auf verletzte Gefühle nahm. Manchmal kam es James vor, als sei er vorzeitig an der Welt gealtert.

Er wischte mit einem feuchten Tuch über den Tisch, stellte die Vase auf die Anrichte und zog eine Dose mit Politur aus seiner Schürze. Laut schallte das Ding-Dong der Türglocke durchs Haus. James fuhr zusammen. Er hatte gleich gefunden, dass dieses neue Läutspiel eher in eine mittelgroße Kapelle gepasst hätte. In den eleganten Räumen von Rosen-Manor erschien es ihm jedoch geradezu vulgär.

Er öffnete die Politurdose und nahm mit einem Tuch etwas Creme auf. Langsam begann er, die Tischplatte zu polieren. Wieder dröhnte die Glocke durchs Haus.

»James?!«

»Ja, Miss Sophie.«

»Wollen Sie nicht die Tür öffnen?«

»Ja, Miss Sophie.«

Gemächlich verschloss er die Dose und wickelte sie in das Tuch. Beide ließ er in der Tasche seiner Schürze verschwinden.

Als er die Tür öffnete, quoll ihm ein gewaltiger Strauß roter Rosen entgegen.

»Sophie-Täubchen, die habe ich …«

»Sir?«

»Sie sind's, James! Mein Gott, wie sehen Sie denn aus?«

Sir Tobys erschreckte Miene tauchte hinter den schweren Blüten auf. Donnernd lachte er ihm direkt ins Gesicht.

»Wenn ich arbeite, Sir, pflege ich die Kleidung meiner Tätigkeit anzupassen.«

»Schon gut, James, schon gut.«

»Das Wort ›arbeiten‹ bedeutet …«

»Ich sagte: schon gut, James! Es ist gut. Ist mein Herzblatt fertig?«

»Sie benötigen einen Arzt, Sir?«

»Arzt? Unsinn! Miss Sophie, ich meine …«

»Miss Sophie befindet sich noch in ihrem Ankleidezimmer. Wenn Sie die Güte hätten, etwas Geduld aufzubringen …?«

James hob dezent die Augenbrauen und trat zur Seite. Mit einer betont eleganten Handbewegung winkte er Sir Toby herein. Einige Augenblicke hatte er Gelegenheit, diesen unerwünschten Besucher zu taxieren. Das weiße Jackett war völlig unpassend für diese Jahreszeit. Und dann dieser kleine Schmutzfleck unterhalb des Kragens. Die Orchidee am Revers – mehr als degoutant. Was sich ihm da präsentierte, war zweifellos der Inbegriff eines Parvenüs. Zudem saß der Überzieher schlecht. Sir Toby musste kräftig zugelegt haben, seitdem er diesen Umhang bei einem offensichtlich durchschnittlichen Schneider hatte fertigen lassen. Die Hose war an den Knien ausgebeult, und die Schuhe eigneten sich besser für den Golfplatz. Seine Haare hatte Sir Toby bis auf einen dünnen Haarkranz eingebüßt. Die Stirn war nach vorne gewölbt. Ebenso seine Unterlippe, die den Blick auf ein wild durcheinander tanzendes Ensemble nikotinverfärbter Zähne freigab.

Auf der Nase trug er eine eckige Brille, hinter der die Augenbrauen sich verschämt versteckten. Was fand Miss Sophie nur an diesem Mann? Er hatte nicht einmal Geld. Er, James, hatte sich kürzlich genötigt gefühlt, Miss Sophie darüber aufzuklären, dezent, aber deutlich. Leider hatte sie sich jede Einmischung verbeten.
»Sophie-Täubchen. Dein Romeo wartet auf dich!« Sir Tobys ölige Stimme wurde zu einem Zwitschern. James erwog, beim nächsten Besuch eine Schale mit Vogelfutter auf den Tisch zu stellen. Er rückte einen Stuhl zurecht und verbeugte sich leicht.
»Wollen Sie Platz nehmen, Sir?«

»Danke, James … und ein Glas Whisky wäre der Tageszeit wohl angemessen.«

Bevor sich Sir Toby auf dem Stuhl niederlassen konnte, schob ihm James das nasse Wischtuch auf die Sitzfläche. Sir Toby sprang auf und starrte auf das Tuch.

»Sir?«

»Was, verdammt, ist das …?«

»Entschuldigung, Sir. Das muss ich vergessen haben.«

* * *

Das Tanzcafé erstrahlte im Licht glitzernder Kristalllüster. Auf den Tischen sorgten Kerzen für eine anheimelnde Atmosphäre. Die Luft war geschwängert mit einer Melange kaum zu unterscheidender süßlicher Düfte, wobei Moschus die Oberhand zu gewinnen schien. Ein Kellner führte Miss Sophie und Sir Toby an einen Tisch in der Nähe des Orchesters. Zufrieden überflog Sir Toby die nach seinen Wünschen gestaltete Tischdekoration. Alles war perfekt, die Blumen, das feine Porzellan, der Champagner im silbernen Eiskübel. Der Kellner rückte Miss Sophie den Stuhl zurecht. Sir Toby behalf sich selbst. Miss Sophie strich über die Blüte einer Rose und seufzte.

»Sir Toby, Sie wissen, was die Herzen der Frauen bewegt.«

»Aber Sophie-Schatz, natürlich weiß ich, dass Sie Rosen über alles lieben.«

»Gewiss, aber auch alles andere ist eine Wohltat für das Auge. Mir ist nicht entgangen, dass die Arrangements auf den anderen Tischen dagegen doch sehr abfallen.«

»Aber Sophie-Darling, Sie sind es, die meine Phantasie beflügeln. Ihr … Ihr unvergleichlicher Charme. Ihre Eleganz.«

»Lieber Toby, ich bitte Sie.«

»Die reine Wahrheit. Ich schwöre, einer Frau wie Ihnen, zart wie ein Täubchen, bin ich nie zuvor begegnet. Nie!« Sir Toby hob zwei Finger zum Schwur.

Die ersten Takte des Orchesters wehten zu ihnen herüber. Ein langsamer Walzer. Drei Paare betraten die Tanzfläche und drehten sich sacht im Rhythmus der Musik. Der Kellner brachte die Karte. Miss Sophie schob sie graziös von sich.

»Seien Sie ein Schatz, Toby, und suchen Sie etwas aus.«

»Aber natürlich. Besondere Wünsche?«

»Ach, für mich nur eine Winzigkeit. Vielleicht einen halben Hummer? Oder Perlhuhn?«

Sir Toby nickte und vertiefte sich in die Karte. Nein, heute durfte er sich nicht lumpen lassen. Hier ging es um eine Investition in die Zukunft, so musste man es sehen. Und es war eine gute Investition. Nur eines beunruhigte ihn: Dieser Butler kam ihm bekannt vor. Das großflächige Gesicht mit dieser markanten Nase, die leicht gebückte Haltung, die abgespreizten Finger, ja, die ganze Gestik meinte er irgendwo schon einmal gesehen zu haben. Nur, wo? Und bei wem? Bei einer Frau? Der Kerl mochte vielleicht fünfundzwanzig Jahre jünger sein als er selbst, also wohl noch ein Anfänger in seinem Beruf. Trotzdem: Hatte er in ihm den Diener einer seiner verflossenen Lieben vor sich? Das wäre höchst fatal.

Während er seinen Blick über die Karte gleiten ließ, versuchte er, im Kopf die Liste seiner Geliebten durchzugehen. Schon bei der siebenten verließ ihn die Konzentration. Er würde Sophie fragen. Sie musste schließlich wissen, wo der Mann herkam. Dennoch: Auch wenn sie unzweifelhaft in ihn verliebt war, und natürlich war sie das, sie würde ihm nicht alles anvertrauen. Diese Töchter aus besseren Verhältnissen wussten Geheimnisse für sich zu behalten. Er musste geschickt vorgehen, seine Fragen zum rechten Zeitpunkt und ganz

beiläufig stellen. Vielleicht nach dem kleinen Imbiss, kurz bevor er sie zum Tanzen aufforderte. Oder zwischen zwei Hummerscheren. Wichtig war, dass er seinen Whisky-Konsum im Griff behielt.
Von diesem Abend hing viel ab, gewissermaßen sein ganzes Leben. Sophie würde überrascht sein, und nein, sie würde nicht ablehnen. Dafür kannte er die Frauen zu gut. Sie würde zustimmen. Er durfte es nur nicht verderben. Was für eine Überraschung! Er drehte den Ring mit dem glutroten Rubin, der über seinen Finger gestreift war. Das würde ihm auch dieses Mal Glück bringen. Eigentlich schade, dass er das gute Stück für eine Weile aus der Hand geben musste.

* * *

Constabler Oggerty ließ das Telefon dreimal läuten, bevor er den Hörer abnahm. Fehlte noch, dass jemand auf die Idee kam, er säße hier untätig herum und verbrächte seine Zeit damit, auf irgendwelche Anrufe zu warten. Schließlich war er gerade mit einer äußerst wichtigen Aufgabe beschäftigt. Seit zwei Stunden heftete er die Protokolle der erledigten Fälle ab. Der Stapel konnte sich sehen lassen. Kein Wunder, dass der Name von Chefinspektor DeCraven, seines Vorgesetzten, bei Scotland Yard beinahe ehrfürchtig ausgesprochen wurde.

Nein, wenn er hier schon Stallwache schieben musste, dann konnte er seine Zeit auch sinnvoll verbringen. Seiner Karriere bei Scotland Yard würde das gewiss nicht schaden. Wie auch immer, der Chef würde dankbar sein, wenn er ihm den lästigen Papierkram vom Halse schaffte.

»Constabler Oggerty?«

Aufmerksam lauschte Oggerty der atemlosen Stimme am anderen Ende der Leitung. Es war ein noch junger Kollege, der ihn da aufgeregt aus einem Tanzcafé alarmierte.

»Ja, der Chef ... ja, ich werde ihn gleich benachrichtigen. Ja. Wo, sagen Sie? Draußen in Blackpool? Und es handelt sich ...? Zweifelsfrei? In der Tat, das hört sich nicht nach einem Betriebsunfall an. Ich werde den Chef mit einem Wagen abholen lassen. Warten Sie auf uns und sichern Sie den Tatort. Niemand darf etwas anfassen, verstanden?«

Nachdem er den Hörer aufgelegt hatte, atmete Oggerty tief durch. Nur jetzt nichts falsch machen. Erst den Chef anrufen, dann die Spurensicherung. Die günstigste Straßenverbindung heraussuchen. Halt, er hatte vergessen, nach Verletzten zu fragen. Aber warum sollte es Verletzte geben? Hoffentlich entpuppte sich der Fall wirklich als Mord und nicht als schlichter Unfall. Ein besonders tückischer Mord am besten – wer würde sonst im Yard auf ihn aufmerksam werden, wenn er keine Gelegenheit bekam, seine Fähigkeiten unter Beweis zu stellen?

Er griff zum Telefon. »Ja, bitte, es ist eilig. Verbinden Sie

mich mit Chefinspektor DeCraven. Ja, mit seiner Privatwoh-
nung.«

* * *

»Furchtbare Sauerei.« DeCraven betrachtete die Blutspritzer
auf seinen Schuhen. »Der Mann ist ja völlig ausgeblutet.«
»Wie ein geschächteter Hammel, Sir. Nach Zeugenaussagen
ließ sich die Blutung nicht stillen, und der genaue Todeszeit-
punkt ...«
»Constabler Oggerty ...«
»Ja, Sir?«
»Es ist zwar schon drei Monate her, dass Sie keine Uniform
mehr tragen, sondern mir unterstellt wurden und in Zivil
herumlaufen. Dennoch, diese Zeitspanne dürfte nicht ausrei-
chen, um aus Ihnen einen Arzt zu machen.«
»Ja, Sir ... ähhh, nein, Sir.«
»Wie heißt der Mann?«
»Sir Toby Winslow.«
»Und was wissen wir über ihn?«
»Nun ja, ich hatte nur kurz Gelegenheit nachzuforschen. Ein
erster Überblick gewissermaßen.«
»Zur Sache, Oggerty.«
»Ja, Sir, es gibt da ein paar dunkle Flecke auf der ...«
»... jetzt blutgetränkten Weste von Sir Toby?«
»Ja, genau, Sir. Es ging eine Anzeige wegen Heiratsschwindels
ein, die allerdings wieder zurückgezogen wurde. Dann war Sir
Toby in dunkle Aktiengeschäfte im Zusammenhang mit dem
Bau des Panama-Kanals verwickelt. Und es ist bekannt, dass er
viel Geld durch den Untergang der *Titanic* verlor. Er war so
eine Art Mitgesellschafter bei der White Star Lines.«
»Da haben Sie ja tatsächlich Ihre Hausaufgaben gemacht,
Oggerty.«

»Danke, Sir.«

»Zu dem Toten …«

»Ja, Sir. Der Mann wurde zweifellos mit dem speziell präparierten Wurfpfeil getötet, der in seinem Hals steckte. Die Spitze war so manipuliert, dass sie die Halsschlagader in großer Breite öffnete, und, ähh … der Arzt meint allerdings …«

»Raus damit.«

»Also er meint, es habe den Anschein, dass Sir Toby nicht nur verblutet sei, sondern auch vergiftet wurde. Der Pfeil ist bereits auf dem Weg ins Labor.«

»Äußerst interessant. Wer ist … nein, wer war die Begleiterin von Sir Toby?«

»Oh, Miss Sophie, Sir. Sie haben wegen des Blumenbouquets auf eine weibliche Begleiterin getippt, nicht wahr?«

»Gut kombiniert, Oggerty, Sie machen Fortschritte. Gefällt mir. Und? Wo steckt die Miss?«

»Miss Sophie hat nach Angaben des Personals unmittelbar vor dem Tod von Sir Toby das Café verlassen. Die beiden waren wohl öfter hier zu Gast.«

»Interessant. Gab es Streit?«

»Nicht den Schimmer einer Ahnung, Sir. Ich habe sie telefonisch informiert. Miss Sophie hält sich auf ihrem Landsitz Rosen-Manor zu Ihrer Verfügung.«

»Prächtig, Oggerty.«

Der Tod von Sir Toby versprach ein rätselhafter Fall zu werden. Ganz nach dem Geschmack von DeCraven. Knifflig, nicht auf den ersten Blick zu lösen, unklare Motivlage. Es würde ein gehöriges Maß an logischem Denkvermögen und einer glücklichen Hand bei den Ermittlungen bedürfen. Und eine Portion Intuition gehörte sicher auch dazu. Nach all den Gattenmorden und Totschlagsdelikten in stinkenden Hinterhöfen schien es bei diesem Fall weitaus eleganter zuzugehen.

17

Hier gab es dunkle Rätsel, ein zwielichtiges Opfer und eine über allen Tadel und üble Beleumundungen erhabene Begleiterin. Stoff zum Kombinieren und Schlussfolgern.

DeCraven betrachtete das Gesicht des Toten. Er glaubte, ein leichtes Grinsen zu erkennen, doch das lag wohl an den Muskelverkrampfungen. Wieder spürte er diesen Geruch in der Nase. Den Geruch des Todes. Es lag eine Spur Ammoniak in der Luft, dazu die Ausdünstung irgendeines nassen betonierten Raumes. Dazu etwas Metallisches vielleicht?
DeCraven schloss Sir Tobys Augen und sah sich nach Oggerty um, der bei einer Kellnerin stand und ihr etwas zuflüsterte.
»Immer her mit ihr, wenn's eine Zeugin ist.«
»Wie ... ja, Sir.«
DeCraven musterte die Kellnerin schnell und genau. Manchmal war es einfacher herauszufinden, ob ein Zeuge wirklich etwas taugte, wenn man sich auf den ersten Eindruck verließ. Sie blickte DeCraven aus verweinten Augen an und wandte aufseufzend den Kopf ab. DeCraven verstand, dass sie den Anblick des Toten vermied. Ihre zierliche Schürze war verrutscht, ihr Haarknoten hatte sich gelockert, und eine schwarze Spange hing lose in einer Strähne. Mit dem Handrücken wischte sie sich die Tränen aus den Augen.
»Ganz ruhig, Miss ... wie war Ihr Name?«
»Anne, Sir, ich heiße Anne.«
»Nun, Anne, was haben Sie gesehen?«
»Eigentlich nichts, Sir.«
»Das ist wenig. Haben Sie den Toten gefunden?«
»Ja, Sir.«
»Uns wäre sehr geholfen, wenn wir Ihnen nicht jedes Wort aus der Nase ziehen müssten, Anne.«
»Ja, Sir.«

»Großartig. Nun?«
»Also, Miss Sophie ist aufgestanden. Glaube ich jedenfalls, und dann war es ja dunkel ...«
»Es war dunkel?«
»Das Licht ist ausgefallen, Sir. Die Kapelle hörte auf zu spielen, und der Leiter des Orchesters bat die Gäste, ruhig zu bleiben. Völlig dunkel war es ja auch nicht, weil die Kerzen auf den Tischen brannten.«
»Aha.«

»Auf Sir Toby und Miss Sophie habe ich nicht weiter geachtet. Als es dann hell wurde, bin ich zu ihrem Tisch rüber und …«

Die Kellnerin brach erneut in Tränen aus. DeCraven wusste, dass er ihr Schluchzen ertragen musste, wenn er überhaupt die Spur einer Chance nutzen wollte, mehr von ihr zu erfahren. Er reichte ihr ein weißes Taschentuch. Sie nickte dankbar und schnäuzte laut hinein.

»… und … und als ich an den Tisch trat«, fuhr sie schließlich fort, »da … da war alles voller Blut. Überall Blut. Und Sir Tobys Augen waren ganz starr … Wie bei einem Fisch. Letzte Woche haben wir Karpfen ser…«

»Und Miss Sophie?«

»Die war nicht mehr da. Ich habe zuerst an einen Raubüberfall gedacht.«

DeCraven rutschte unruhig auf seinem Stuhl hin und her.

»Wieso das?«

»Na ja, er hatte diesen riesigen Rubinring am Finger. Und als er so dalag, also, da fehlte der Ring.«

»Sir Toby trug einen Rubinring?«

DeCravens Oberkörper ruckte nach vorn. Die Kellnerin trat erschreckt einen halben Schritt zurück.

»Sind Sie sicher?«, fragte DeCraven.

»Aber ja, Sir.«

»Oggerty, haben wir etwas gefunden?«

»Nein, Sir.«

»Haben Sie den Toten durchsucht?«

»Ja, Sir.«

»Leibesvisitation bei allen Angestellten. Oggerty, belegen Sie dafür zwei Räume. Meinen Sie, das werden Sie bewältigen?«

»Ja, Sir, unbedingt, Sir.«

DeCraven wandte sich wieder der Kellnerin zu.

»Und was ist Ihnen sonst noch aufgefallen?«

»Nichts, Sir. Diese seltsame Gestalt ist durch den Hinterausgang raus, aber ich hab mir nichts dabei gedacht ...«

»Seltsame Gestalt? Himmel, da kommen ja tröpfchenweise bizarre Dinge ans Tageslicht.«

»Ja, so ein buckliger, nein, bucklig eigentlich nicht. Er hatte einen schiefen Kopf ... und blickte so von unten nach oben, so ...«

Die Kellnerin ging in die Hocke und verdrehte ihren Kopf.

»Sie sehen ja aus wie Quasimodo, der Glöckner von Notre Dame.« Der Chefinspektor lachte über seinen Witz.

»Ja, Sir, genauso. Irgendwie verrenkt. Haben Sie den Film auch gesehen?«

»Hmmh. War das vor dem Dunkelwerden oder danach?«

»Aber in Lichtfilmvorführungen ist es doch immer dunkel, Inspektor!«

»Chefinspektor, bitte. Ich meine hier. Heute Abend. Haben Sie den Mann gesehen, bevor es dunkel wurde, oder danach?«

»Danach, Sir. Oder davor? Nein. Ich weiß nicht so genau.«

DeCraven wandte sich an seinen Assistenten.

»Oggerty, wir müssen dem nachgehen, aber ich fürchte, wir werden bei den Angestellten nichts finden. Ich mache mich schon mal auf den Weg nach Rosen-Manor. Bin doch wirklich gespannt, was diese Miss Sophie zu sagen hat.«

* * *

Dieser spleenige Butler mit seinen wirren Augen passte genau auf die Beschreibung der Kellnerin. Ja, der Mann sah tatsächlich aus wie ein Ringer, der seinen Kopf nicht rechtzeitig aus dem Schwitzkasten gezogen hatte. Leicht schief blickte er nach oben, als erwarte er gleich die ersten Frühlingsboten. Der Mann hätte zweifellos einen guten Darsteller für einen dieser Spielfilme abgegeben, die sich alle Welt neuerdings ansah.

Der Butler führte den Mann von Scotland Yard in das vordere Empfangszimmer, dann schlurfte er ohne ein Wort zu sagen hinaus. Chefinspektor DeCraven blickte ihm nach. Es war nicht auszuschließen, dass er sich tatsächlich bei der Ausübung einer Sportart eine Verletzung zugezogen hatte. Seltsamer Bursche. War James an diesem Abend seiner Herrin gefolgt oder nicht?

An den Wänden des Salons prangten die in Öl gemalten Ahnen Miss Sophies. Streng blickten sie auf ihn herab. An einigen der Ölschinken hatte der Zahn der Zeit genagt und sie mit größer werdenden schwarzen Flecken überzogen. Rosen-Manor war nicht gerade ein Hort des Luxus. Den Bildern nach zu urteilen musste die Familie weitaus bessere Zeiten gesehen haben.

Das Mahagoni, aus dem man die Möbel dieses Raumes gefertigt hatte, war nicht besonders exquisit gewesen. In einer Ecke des Zimmers ließ auf einem Ständer eine ziemlich lichte Grünpflanze ihre Blätter hängen. Auf der Anrichte mit den hübschen Porzellanhunden standen einige Flaschen und ein leerer Sektkübel. Gleich daneben ein Teller mit ein paar Keksen und ein kitschiges Porzellanreh. Ein Zettel mit dem Satz »Dein Toby« lehnte daran. Unter seinen Füßen bemerkte der Chefinspektor einen karierten, weitgehend verblichenen Teppich. Gar nicht in diesen Raum wollte die dackelbeinige Kommode passen.

»Oh, Inspektor, ich habe Sie erwartet. Man hat mich bereits telefonisch informiert.«

Miss Sophie schritt die Treppe hinunter, und DeCraven dachte: »Ganz die große Dame.« Sie trug ein mit Pailletten ver-

22

ziertes weißes Kleid. Die Fülle ihres braunen Haares war in einer Perlmuttkrone aufgetürmt. Eine wahrhaft imposante Erscheinung. Er wäre ihr gerne unter erfreulicheren Umständen begegnet.

»Mein Name ist DeCraven. Chefinspektor DeCraven.«

»Oh, dann lerne ich endlich einen echten Inspektor aus dem Yard kennen.«

»Chefinspektor. Leider unter unangenehmen Umständen, Miss Sophie. Verzeihen Sie, wenn ich so direkt bin, aber der Tod von Sir Toby scheint Sie nicht sehr mitzunehmen. Sie sind nicht gerade am Boden zerstört.«

»Sir Toby war ...«

»Nun, ich glaube, ich trete Ihnen nicht zu nahe, wenn ich sage, dass er sich um Sie bemüht hat. Zumindest lauten so meine Informationen.«

»So könnte man es formulieren ...«

»Aber?«, bohrte DeCraven.

»Nun, der Mann hat ... nein, *hatte* eine äußerst zweifelhafte Vergangenheit. Nicht, dass ich mir viel aus gesellschaftlichen Konventionen mache, aber eine Verbindung meines Hauses mit Sir Toby ...? Nein, ich glaube, nicht.«

Miss Sophie schüttelte leicht angeekelt den Kopf. Aus dem Hintergrund drang ein höhnisches Kichern in den Salon. Dann wurde leise eine Tür zugezogen.

»Haben Sie das auch gehört, Miss Sophie?«

»Wie?«

»Schon gut. Also, Sie sind in den letzten Wochen regelmäßig mit Sir Toby ausgegangen.«

»Nun ja, dann und wann ein Spaziergang oder zum Tanzen. Sie mit Ihrem aufregenden Beruf haben ja keine Ahnung, wie sterbenslangweilig es bei uns auf dem Lande zugehen kann.«

»Sie waren nicht ... ähh, entschuldigen Sie, Sie waren nicht verlobt?«

»Inspektor! Ich bitte Sie!«

Der Butler betrat den Raum, und DeCraven bemerkte den giftigen Blick, den er Miss Sophie zuwarf. Sein Gesicht zeigte eine jener Verkrampfungen, die darauf hindeuteten, dass er nur sehr schwer zurückhalten konnte, was unbedingt hinaus wollte. Zielstrebig griff er zur Blumenvase und verschüttete ein paar Tropfen auf der Anrichte.

»Die brauchen einen Ssschluck Wawasser.«

»James!«

»Miss Sophie?«

»Hatten wir nicht eine Abmachung getroffen?«

»O ja. Miss Sophie, ich bin trocken wie die Sa ... saharara. Nur über meinem Kopf sind ein paaar Woooolken.«

James grinste schief und torkelte aus dem Raum. Blumenwasser tröpfelte auf den ausgefransten Teppichläufer, der nach Einschätzung DeCravens wohl kaum aus dem Orient stammte, es sei denn, man hätte ihn dort mehrere hundert Jahre in der Erde vergraben und anschließend nur notdürftig gereinigt. Miss Sophie schüttelte den Kopf und blickte mit gespitzten Lippen auf ihre Fingernägel.

»Inspektor, das ist mir wirklich äußerst unangenehm. Aber James hat ... nun, nennen wir es ein Problem. Ich versuche, die Alkoholvorräte von ihm fern zu halten, aber, nun ja, manchmal habe ich das Gefühl, er hat sich fest vorgenommen, das Haus regelrecht leer zu trinken.«

DeCraven deutete hinüber zu den Flaschen auf der Anrichte.

»Ach das! Nur Dekoration. Die Flaschen sind mit Wasser gefüllt. Nein, ich halte die Vorräte an Whisky, Port und Sherry verschlossen. Der Schlüssel liegt unter meinem Kopfkissen, aber Mr. McKinsey, der Krämer unten im Dorf, scheint ihm wieder etwas verkauft zu haben. Dabei hatte ich ihn so gebeten …«

»Kommt das öfter vor, Miss Sophie?«

»Eigentlich sehr selten. Das Problem ist nur, dass James im berauschten Zustand zu Gewalttätigkeiten neigt.«

»Interessant. Er droht Ihnen?«

»Aber nein, ich bin nicht gefährdet, doch im Allgemeinen … nun es ist besser, wenn er Alkohol gar nicht erst in die Finger bekommt.«

»Gegen wen …?«

»So lächerlich das klingt, aber James hat eine nicht zu leugnende Neigung zur Eifersucht. Wo wir gerade dabei sind, darf ich Ihnen einen Madeira anbieten?«

»Nein danke, könnte er Sir Toby …?«

»Das wollte ich damit natürlich nicht im Entferntesten andeuten. James ist mein Butler, ich vertraue ihm absolut.«

Miss Sophie erhob sich resolut von ihrem Stuhl.

»Inspektor, Entschuldigung, Chefinspektor, unter welchen näheren Umständen hat Sir Toby denn nun seine Reise ins Jenseits angetreten?«

»Mit tatkräftiger Unterstützung eines Wurfpfeils.«

»Gütiger Himmel! Wie originell.«

»Durchaus. Der Pfeil hat seine Halsschlagader aufgeschlitzt. Um Sir Toby ganz sicher in die jenseitige Welt zu bringen, wurde er wahrscheinlich vergiftet.«

»Unglaublich. Sind das Sitten aus den Kolonien?«

»Miss Sophie?«

»Ich meine diese Pfeilwerferei. Hört sich nach der Freizeitbeschäftigung von Bantustämmen an, nicht wahr?«

»Der Sport der Pfeilwerferei erfreut sich auch im Königreich großer Beliebtheit. Wird hier unter der Bezeichnung Dart betrieben.«

»Dart, wie Dartmoor?«

»Richtig, Miss Sophie.«

»Handelt es sich dabei um diese kleinen Stöckchen mit Pu-
scheln dran?«

»Hühnerfedern.«

»Ich meine mich zu erinnern, dass ich bei James kürzlich einen mit einer derartigen Hühnerfeder geschmückten Pfeil gesehen habe ... Seltsame Neigungen haben die Menschen heutzutage.«

Miss Sophie blickte ihm fest in die Augen. Ihr Gesicht war
ausdruckslos. DeCraven ertappte sich dabei, wie er unruhig
mit den Fransen des kleinen Tischdeckchens spielte. Er kam
sich vor, als sitze er vor einer gestrengen Lehrerin. Nein, dieser Kälte und Beherrschtheit hatte er für den Moment nichts
entgegenzusetzen.

»Miss Sophie, wissen Sie Näheres über einen Rubinring an
der Hand von Sir Toby?«

»O ja.«

DeCraven konnte seine Überraschung nicht verbergen.

»Ein schrecklich großer Klunker. Er wollte ihn mir in Browns
Café als Unterpfand seiner Liebe überreichen. Ein Verlo-
bungsritual nennt man das wohl. Jedenfalls, er hat um meine
Hand angehalten.«

»Und? Haben Sie ... ich meine ...«

»Wo denken Sie hin, Inspektor! Sie haben sich inzwischen ja
über den zweifelhaften Ruf dieses Herrn ins Bild setzen lassen. Ich habe kategorisch abgelehnt und ihm den Ring
zurückgegeben. Er hat ihn sich mit dem Ausdruck einer gewissen Resignation wieder über den Finger gestreift.«

DeCraven erhob sich und deutete eine Verbeugung an.

»Miss Sophie, es ist spät geworden. Ich denke, ich habe Sie
jetzt lange genug behelligt. Allerdings ...«

»Inspektor, falls Sie weitere Fragen haben, stehe ich Ihnen jederzeit zur Verfügung.«

»Ja, vielen Dank, etwas wäre da noch.«

»Und?«

»Ich möchte noch ein paar Worte mit James wechseln. Allein.«

Miss Sophie schien nicht gerade erfreut. Vielleicht spielte sie ihm auch nur etwas vor. Schließlich hatte sie den Namen des Butlers selbst ins Spiel gebracht und ihn deutlich einem gewissen Verdacht ausgesetzt.

DeCraven folgte dem Weg, den Miss Sophie ihm beschrieben hatte. Kurz und heftig klopfte er gegen die Kammertür und trat ein, ohne eine Aufforderung abzuwarten.

Überrascht und mit wirren Haaren schoss James von seinem Bett in die Höhe.

»Chefinspektor?«

»Nun, ich muss Ihnen noch eine Frage stellen. Geradeheraus: Waren Sie zur Zeit, als Sir Toby ermordet wurde, in Browns Tanzcafé?«

»Browns Tanzcafé? Wann soll das gewesen sein?«

»So gegen neun Uhr.«

James schüttelte den Kopf.

»Man hat Sie aber gesehen.«

»Un wennnschon.«

James ließ sich auf sein Bett zurücksinken und zog unter der Decke einen silbernen Flachmann hervor. Er nahm einen kräftigen Schluck. Einen Tropfen, der auf sein Kinn gefallen war, nahm er mit dem Finger auf und leckte ihn ab.

»Um den isses doch nicht schade …«

»Sie meinen Sir Toby?«

»Der ist hier wie ein Hahn durch den Hühnerstall, hat die Ladys reihenweise flachgelegt.«

»Interessant.«

»Isss doch waaahr. Seine Affaffären, also ... gaaanich zu zäh-
len sind die. Fenn Sie erlauben, werde ich mich etwas frisch
machen, Sir.«

James erhob sich und beugte sich über die Schüssel auf der
Konsole. Grunzend spritzte er sich Wasser ins Gesicht. De-
Craven tastete mit seinen Augen das Zimmer auf Besonder-
heiten ab. Neben dem Bett stand ein alter Sekretär, dessen
vorderes linkes Bein mit einem Tau umwickelt war. Unordentlich verstreut häuften sich Papiere darauf. Bestellungen
für den Bedarf des Hauses, soweit DeCraven sie entziffern
konnte. Auch eine Rechnung des Gärtners war dabei.

Vom Aufsatz des Sekretärs blickte ihm das Bild einer sehr
schönen und eleganten Frau entgegen. Vor ihr ein vielleicht
vierjähriges Kind, dem sie die Hände auf die Schultern gelegt
hatte.

»Sind Sie das? Ich meine das Kind.«

James drehte sich mit tropfnassem Gesicht um und brummte
zustimmend.

»Dann ist die Dame Ihre Mutter?«

James brummte erneut. DeCraven glaubte, einen bitteren
Zug im Gesicht der jungen Frau zu bemerken. Das Bild verwirrte ihn. Vielleicht, weil er sich diesen Butler einfach nicht
als Kind vorstellen konnte.

An der Tür baumelte ein Badehandtuch. DeCraven schob es
zur Seite und pfiff leise durch die Zähne.

»James, seit wann üben Sie sich im Umgang mit Wurfpfeilen?«

Der Butler drehte sich nicht um. Er beobachtete den Chefinspektor in dem kleinen Spiegel, der über der Kommode an
der Wand hing.

»Seit meiner Kindheit.«

»Und was ist das für ein Foto, das Sie dort an der Tür malträtiert haben?«

James drehte sich jetzt um. »Sir? Keine Ahnung, irgendein Foto. Ein Ziel eben.«

DeCraven beherrschte sich. Zu diesem Zeitpunkt hätte es wenig Sinn gemacht, den Butler zur Rede zu stellen. Genauso wenig wie Miss Sophie. James war zu halsstarrig. So, wie DeCraven ihn einschätzte, würde er kein Wort aus ihm herausbekommen. Erst brauchte er Beweise. Vielleicht ein paar Indizien, die eine Verbindung zwischen der Tat und dem Butler knüpften. Außerdem unterschieden sich die Pfeile an der Türwand deutlich von dem Exemplar, das man aus dem Hals von Sir Toby gezogen hatte.

* * *

Der Ausschlag an seinem Hals begann wieder zu jucken. Ein sicheres Zeichen dafür, dass sich etwas bewegte. Wenn er dem Umstand Rechnung trug, dass Sir Toby erst vor einem Tag diesem absurden Verbrechen zum Opfer gefallen war, hatten sie doch bereits eine Menge herausgefunden.

DeCraven legte entspannt die Füße auf den Papierkorb. Er riss kleine Schnipsel von einem Stück Papier und rollte sie zu Kügelchen. Mit Radiergummis und Büroklammern steckte er einen Kricket-Parcours auf seinem Schreibtisch ab. Dieses zugegebenerweise kindische Spiel verschaffte ihm eine tiefe Entspannung. Schlug er erst einmal die Papierkügelchen mit einem Bleistift über den Schreibtisch, fanden die richtigen Gedanken von ganz allein den Weg in den der Logik zugewandten Teil seines Gehirns.

Sie hatten also einen Toten mit einer undurchsichtigen Vergangenheit. Den Unterlagen nach war er in dubiose Aktien-

geschäfte verwickelt gewesen. Es ging um Papiere der *Panama-Kanal-Bau-Gesellschaft*. Angeblich war es Sir Toby gelungen, gefälschte Berichte in der Redaktion der *Times* zu lancieren. Die Kurse brachen nach der Veröffentlichung ein. Bevor die Meldungen als manipuliert entlarvt werden konnten, wollte sich Sir Toby mit Wertpapieren eindecken, um sie dann nach der Richtigstellung der Falschmeldung bei wieder steigenden Kursen zu verkaufen. Der Coup gelang, doch obwohl er unter Verdacht stand, konnte man ihm die Manipulation nicht nachweisen. Das Geld, das er mit dieser Transaktion gewonnen hatte, verlor er allerdings nach dem Untergang der *Titanic*, als die Aktien der White Star Lines ins Bodenlose stürzten.

Chefinspektor DeCraven schoss ein Kügelchen durch eine Büroklammer, die von zwei Stempeln und dem Stempelkissen gestützt wurde.

Glaubte man den Akten, hatte Sir Toby versucht, sein finanzielles Defizit durch Affären mit Töchtern und Witwen aus reichen Familien auszugleichen. Eine Anzeige wegen Heiratsschwindels war allerdings zurückgezogen worden. War es denkbar, dass eine der von Sir Toby erleichterten Damen beschlossen hatte, die Dinge nicht länger auf sich beruhen zu lassen, und zur Tat geschritten war?

Laut schrillte das Telefon. Am anderen Ende der Leitung meldete sich Dr. Benkiel von der Pathologie. Knapp teilte er DeCraven mit, Sir Toby sei quasi doppelt ermordet worden. Zweifellos war das Opfer durch die Wunde in der Halsschlagader verblutet. Doch außerdem waren in seinem Körper und auch in seinem Weinglas Spuren von Arsen gefunden worden.

DeCraven ließ den Hörer auf die Gabel fallen. Nachdenklich schoss er ein Kügelchen durch ein Büroklammertor.

Da hatte jemand ganz sichergehen wollen, dass Sir Toby

an diesem Abend das Jenseits erreichte. Oder war es möglich, dass sich gleich zwei Täter Sir Tobys angenommen hatten?

* * *

Der Manager von Browns Tanzcafé hatte den Chefinspektor und den Constabler Oggerty mit Rücksicht auf die Gäste gebeten, die Kellnerin Anne möglichst unauffällig zu befragen. So standen sie jetzt in der nach gebratenem Lachs, pochiertem Hähnchen und geschnetzeltem Wild duftenden Küche. Eilig balancierten Annes Kollegen silberne Platten mit Fasan oder kleinen, mit Trüffeln gefüllten Schälchen durch die Tür. Oggerty schluckte angesichts all der Köstlichkeiten. Außer einem pappigen Frühstückssandwich hatte er noch nichts im Magen.

Einige Kellner warfen Anne aufmunternde Blicke zu, andere vermieden, zu ihnen herüberzuschauen.

»Der Ring ist nicht wieder aufgetaucht?« DeCravens Stimme war schneidend.

Prompt liefen Anne die Tränen über das Gesicht.

»Aber Sie glauben doch nicht, dass ich mich am Eigentum eines Gastes vergreife!«

»Immerhin war er tot«, stellte DeCraven kühl fest.

Anne schluchzte.

»Ich und eine Leichenfledderin? Ich war es nicht, und Lady Henley auch nicht, weil …«

»Lady Henley, die Witwe von Lord Henley?«

»Na ja, eine halbe Stunde bevor das Licht ausfiel, ist sie auf den Tisch von Sir Toby und Miss Sophie zugestürmt und hat ihm eine furchtbare Szene gemacht.«

»Warum haben Sie uns das nicht gleich erzählt?«

»Aber das war doch schon eine halbe Stunde vorher.«

DeCraven schluckte mit grimmigem Blick eine scharfe Bemerkung hinunter.

Trotzdem begann Anne hemmungslos zu schluchzen. Die Blicke ihrer Kollegen wurden besorgter. DeCraven reichte ihr ein Taschentuch.

Oggerty trat von einem Bein auf das andere. Als ein gebackener Truthahn direkt in Kopfhöhe an ihm vorbeigetragen wurde, begann sein Magen laut zu knurren.

»Entschuldigung, Sir.«

Anne schluchzte auf und steckte das Taschentuch in ihren Ärmel.

»Schon gut. Worum ging es nun bei diesem Streit?«

»Es war schrecklich peinlich. Lady Henley bezeichnete Sir Toby als ... muss ich das sagen, Sir?«

»Sie müssen.«

»Nun, sie gebrauchte das Wort ›zwielichtige Person‹.«

»Das war alles?«

»Nein, sie sagte ... Entschuldigung, Sir, sie benutzte die Worte ›fleischeslüstern‹ und ›betrügerischer Hanswurst‹ und sagte ... muss ich das sagen, Sir?«

»Ja, Anne.«

»Sie sagte, er solle sich sein ›Vierzentimeterding‹ sonst wo hinstecken.«

Oggerty begann zu kichern. DeCraven warf ihm einen strafenden Blick zu, woraufhin der Constabler geschäftig in seinem Notizbuch zu blättern begann.

»Und wie reagierte Sir Toby auf diese, sagen wir ... drastische Bemerkung?«

»Der schäumte vor Wut. Auch Miss Sophie wurde kreideweiß ... und ihre Augen. Direkt unheimlich.«

»Und dann?«

»Bestellte Earl Pillbury ein Glas Champagner, und ich bin in die Küche. Aber zu diesem Zeitpunkt trug Sir Toby seinen Ring noch, das habe ich genau gesehen. Ich war überrascht, als ich von weitem und ganz undeutlich diese gebückte Gestalt sah, die auch auf Sir Toby einredete.«

»Sie meinen James? Miss Sophies Butler?«

»Also, Sir, ich kenne ihn natürlich ... aber ... also, ich bin mir nicht sicher. Er stand mit dem Rücken zu mir und hat auf Sir Toby eingeredet. Und plötzlich hat Sir Toby ganz glücklich gelächelt ... ich hab's genau gesehen, aber der Mann hat weiter geredet, und da ist Sir Toby aufgestanden und hat ihn geohrfeigt. Wie einen Schuljungen. Und dann wollte er ihn umarmen. Das habe ich durch die Durchreiche von der Küche aus gesehen. So war's, ganz bestimmt, Sir.«

»Und Sie haben den Mann wirklich nicht erkannt?«

»Er hat mir doch die ganze Zeit den Rücken zugedreht.«

DeCraven kratzte sich am Hals. Er versuchte, seinen Ärger zu verbergen. Warum hatte diese blöde Gans nicht besser hingesehen?

Der Fall wurde immer verworrener. Die Zahl der Verdächtigen erhöhte sich stündlich. Neben der in ihrer Liebe enttäuschten Miss Sophie und ihrem Butler James waren nun auch Lady Henley und womöglich ein weiterer Unbekannter verdächtig. Nicht das erste Mal, dass eine enttäuschte Liebe das Leben eines Beteiligten kostete. Aber gleich so viele Verdächtige?

Und dann dieser Ring. Wer hatte ihn? Und welches Geheimnis umgab dieses auffällige Schmuckstück?

Oggerty kaute auf einem Stift und hielt seinen Blick gebannt auf die Notizen gerichtet.

DeCraven zog der Duft nach Geflügelbraten durch die Nase. Ein Kellner balancierte eine auf einem silbernen Tablett

liegende Ente am Herd vorbei. Kurz bevor er durch die
Schwingtür in den Gastraum treten konnte, stoppte ihn der
Küchenchef. Er wedelte zornig mit einem Strauß Petersilie.
Der Kellner stellte die silberne Platte auf einem Tisch ab, und
der Küchenchef begann die Petersilie um die Ente zu drapie-
ren. Dann nahm er zwei Papierstreifen und wickelte sie um
die Keulen. Anschließend tippte er dem Kellner zum Zeichen,
dass er fertig war, auf die Schulter.
Chefinspektor DeCraven durchzuckte es wie ein Blitz. Ge-
nau, das war es! Dort hatte er ihn gesehen. Darum also hatte
sein Unterbewusstsein immer nach diesem Ring verlangt.
DeCraven wies Oggerty an, Miss Sophie und ihren Butler
James umgehend ins Tanzcafé zu bestellen.
»Und sagen Sie ihnen, dass es hier zweifellos angenehmer zu-
geht als im Yard.«
»Ja, Sir.«
»Sie werden sie ungefähr zwei Stunden festhalten und dann
nach Hause schicken. Ich rufe Sie an. Mit ein bisschen Glück
haben wir die näheren Umstände des seltsamen Todes von Sir
Toby schon morgen ans Licht gebracht.«
Der Chefinspektor rieb sich die Hände.
»Aber Sir, wohin … wohin gehen Sie?«
DeCraven drehte sich noch einmal um und deutete auf eine
zweite dampfende Ente, die gerade vom Küchenchef deko-
riert wurde.
»Achten Sie darauf, was dieser Vogel gleich angezogen be-
kommt. Ich werde mir einen Durchsuchungsbefehl besorgen
und mich dann in Rosen-Manor umsehen. Also rufen Sie
Miss Sophie an und sorgen Sie dafür, dass sie ihren Butler
gleich mitbringt.«
Oggerty sah dem Chefinspektor verblüfft hinterher. Er war ja
viel gewöhnt, aber dass er nun diese launische Miss Sophie

35

zwei Stunden lang unterhalten sollte, war alles andere als fair. Genauso wenig die Tatsache, dass der Chef ihn nicht einweihte. Schließlich arbeiteten sie zusammen. Was, um alles auf der Welt, hoffte er denn in Rosen-Manor zu finden?

* * *

»Nun, Oggerty, wie hat Miss Sophie auf mein Fernbleiben reagiert?«

»Wenn Sie darauf bestehen, lese ich es Ihnen vor, Sir. Ich habe allerdings irgendwann aufgehört mitzuschreiben.«

»Schon gut, Oggerty, ich weiß Ihre Arbeit wirklich zu schätzen.« Der Chef lächelte ihm wohlwollend zu und begann auf seinem Schreibtisch einen neuen Kricket-Parcours aufzubauen.

»Und haben Sie gefunden, was Sie suchten, Sir?«

»Ja und nein, aber den wichtigsten Beweis wird James gleich mitbringen.«

»Sir?«

Während er kleine Papierkügelchen für sein Spiel zusammenrollte, versank DeCraven wieder in Gedanken.

Ja, James würde *es* mitbringen. Als er sich vorhin wegen seines empörenden Fernbleibens bei der immer noch wutschnaubenden Miss Sophie entschuldigt und ihr beteuert hatte, dass er selbst untröstlich sei, war er sich einen kurzen Moment nicht sicher gewesen. Noch einmal hatte er Miss Sophie mitsamt ihrem Butler in das Yard gebeten. Die Funde aus Rosen-Manor hatte er ebenso verschwiegen wie seine dortige Untersuchung. Nur in der Kammer von James hatte er Spuren seiner Aktion hinterlassen. Er wollte dem Butler ein wenig einheizen. Und im richtigen Augenblick würde er Miss Sophie mit ihren Briefen an Sir Toby konfrontieren. Von wegen, nicht verliebt!

Und dann die Briefe, die er in James' Schatulle gefunden hatte. Briefe der Mutter des Butlers. Das Foto allerdings hatte nicht mehr im Rahmen gesteckt.

Das Telefon klingelte. DeCraven bedeutete Oggerty, den Apparat abzunehmen.

»Ja ... aber ... Moment.«

Ratlos blickte er auf den Hörer und dann zum Chefinspektor hinüber.

»Miss Sophie. Sie hätte eine Verpflichtung im Tierpark und könne erst in drei Stunden hier sein.«

DeCraven sprang von seinem Stuhl auf, der Kricket-Parcours auf seinem Schreibtisch fiel in sich zusammen.

»Es tut sich etwas, Oggerty. Auf in den Tierpark. Ich glaube, James wird sich einer lästigen Zeugin ...«

»James?« Oggerty starrte den Chefinspektor entgeistert an.

* * *

»Wiederholen Sie, was der Pförtner gesagt hat, Oggerty.« DeCraven kratzte sich nervös am Hals.

»Nun, Miss Sophie kommt seit Jahren jeden Sonntag in den Zoo und füttert einen altersschwachen und halbblinden Tiger. Sie hätte ihn sozusagen adoptiert. Und dass so etwas hier ganz üblich sei. Sagt der Pförtner. Und dass sie das Tier mit selbst gebackenen Keksen und Fleisch füttert.«

»Heilige Heerscharen des Himmels! Und das ist kein Auswuchs zentralenglischen Humors?«

»Der Mann wirkte glaubhaft, Sir.«

DeCraven drückte das Gebüsch zur Seite und beobachtete Miss Sophie und den ihr unmittelbar folgenden James. Der Gang des Butlers hatte etwas Watschelndes. Er trug eine helle Baumwolltasche, in der sich zweifellos die Leckerbissen für die Raubkatze befanden. Und wer weiß, was noch, dachte DeCraven. Doch das musste er riskieren. Er tippte Oggerty auf die Schulter.

»Wenn ich sage ›Los‹, dann rennen Sie los, und halten Sie nur hübsch die Hände von James fest. Der Mann kann mit Gift umgehen.«

»Und wenn nun Miss Sophie das Gift in Sir Tobys Glas …«

»Möglich«, unterbrach ihn DeCraven. »Wir werden es herausfinden.«

Kurz vor dem Tigerkäfig blickte James sich um. Flink sprang er über die eiserne Absperrung, die Besucher auf sicheren Abstand zu dem Käfig halten sollte. Er rüttelte an der Gittertür. Der Tiger fauchte.

»Mein Gott, er hetzt ihr den Tiger auf den Hals. Los, Oggerty.«

Die Polizisten stürmten aus dem Gebüsch. Oggerty sprang über die Absperrung und umklammerte James' Handgelenke. DeCraven nahm schützend Miss Sophies Arm.

»Ist Ihnen etwas passiert? Ich war mir nicht sicher …«

»Was für ein Auftritt, Inspektor! Solch ein Verhalten bei einem Beamten Ihrer Majestät … mir fehlen die Worte.«

Mit einer Drehung befreite sich Miss Sophie aus DeCravens Armen. Der fixierte den Butler.

»James McMullen, ich verhafte Sie im Namen Ihrer Majestät wegen Verdachts des Mordes an Sir Toby und des versuchten Mordes an Miss Sophie. Oggerty, durchsuchen Sie den Mann.«

Oggerty durchwühlte die Taschen des Butlers und förderte etwas zu Tage. Enttäuscht legte er es beiseite.

»Nur ein Foto, Sir.«

»Oggerty, jetzt können Sie etwas lernen. Sehen Sie sich das Foto näher an.«

Der Constabler betrachtete das Foto, das eine hübsche junge Mutter und ihren Sohn zeigte.

»Und, Oggerty? Fällt Ihnen nichts auf?«

»Keine Ahnung, Sir.«

»Es handelt sich um die Mutter von James. Und sehen Sie, was sie am Finger trägt!«

»Einen ziemlich großen Ring, Sir.«

»*Den* Ring, Oggerty, *den* Ring! Ich bin sicher, dass die Kellnerin ihn als den Ring wiedererkennt, den Sir Toby in der Nacht seines Hinscheidens trug und den er Miss Sophie als Eheversprechen überreichen wollte.«

Der Inspektor zog den Ring aus der Tasche.

»Den habe ich in James' Kammer gefunden. Zweifellos ein Erbstück.«

James ließ den Kopf und die Schultern sinken. Sein schwarzer Mantel wirkte plötzlich viel zu groß, wie eine Zeltplane, die man achtlos über ein schiefes Stangengerippe geworfen hatte.

»Unmöglich«, sagte Miss Sophie und ließ ihren Blick über den Butler gleiten.

»Durchaus nicht«, erwiderte der Chefinspektor. »Ich habe in Rosen-Manor die Briefe von James' Mutter an Sir Toby gefunden. Wahrscheinlich hat sie sich James von dem Toten beschafft. Darin beschwört James' Mutter ihren ehemaligen Geliebten, Sir Toby, sie nicht mit dem Kleinen im Stich zu lassen.«

Miss Sophie schlug energisch eine Falte aus ihrem Mantel.

»Das würde ja heißen …«

»Genau, Miss Sophie. James ist der uneheliche Sohn von Sir Toby. Der Ring, den er Ihnen überreichen wollte, stammt von seiner Mutter. Wenn meine Recherchen stimmen, wurde James' Mutter von der Familie verstoßen. Enterbt und entrechtet starb sie an gebrochenem Herzen, und der einsame

James begann seine Laufbahn als Butler. Ich habe Grund zu der Annahme, dass sich James, kurz bevor er Sir Toby ins Jenseits beförderte, als sein illegitimer Sohn zu erkennen gab. Er lächelte und umarmte ihn.«

Miss Sophie schüttelte energisch den Kopf. »Sir Toby? Der lächelte doch immer.« DeCraven ließ sich nicht beirren.

»Auch Sie, Miss Sophie, hätten ein Motiv gehabt. Schließlich hat Sir Toby Ihnen die Ehe versprochen, und Sie hatten schon vor dem unschönen Auftritt von Lady Henley erfahren, dass Sir Toby ein Heiratsschwindler war. Ich habe in einer Schublade in Ihrem Schlafzimmer die Ergebnisse Ihrer Nachforschungen entdeckt.«

Miss Sophie zog spöttisch die Augenbrauen in die Höhe.

»Und? Wollen Sie mich jetzt auch verhaften?«

»Nein, James hatte ein weitaus stärkeres Motiv.«

Miss Sophie musterte den noch immer stummen James.

»Und was, Inspektor, könnte ihn dazu bewogen haben, seinen Vater zu töten?«

»Eifersucht, Miss Sophie. Wie Sie schon sagten, James hat einen gewissen Hang zur Eifersucht. Nun, um es kurz zu machen, ich habe Gedichte von zweifelhaftem Talent, doch großer Leidenschaft in seinem Zimmer entdeckt, in denen er ...«

»Ja?«

»... *Sie* nannte, Miss Sophie. Gedichte, in denen er *Sie* anbetet!« DeCraven zog einen Zettel aus der Innentasche seines Jacketts.

»Wenn ich zitieren darf: ›Du mein gülden Glänzen in dieser Nacht, Du Licht mit Namen Sophie ...‹ Weiteres wollen wir uns ersparen. James ist in Sie verliebt. Und versetzen wir uns in seine Lage: Er muss mit ansehen, dass derselbe Mann, der das Leben seiner Mutter zerstört und auch ihm alle Chancen auf eine standesgemäße Zukunft genommen hat, dass derselbe Mann ihm auch noch die heimliche Geliebte wegnimmt und Sie, Miss Sophie, die er vergöttert, einem ebenfalls ungewissen Schicksal entgegenführt. Nicht zuletzt ist niemand Geringeres als Sir Toby dafür verantwortlich, dass James unter seinem Stand aufwächst, als Butler arbeitet und Sie, Miss Sophie, niemals heiraten kann.«

»Das glauben Sie doch selbst nicht.«

»Jahrelang hat der Hass auf seinen treulosen Vater an ihm genagt. Dem war er vorher allerdings nie begegnet. Ich habe in seinem Zimmer ein von Wurfpfeilen völlig durchlöchertes, kaum noch zu erkennendes Jugendfoto Sir Tobys gefunden. James war ihm nie begegnet, aber er dürfte ihn schnell erkannt haben, wo er doch so oft in Ihr Haus kam.«

Miss Sophie fingerte mit strengem Blick an den Speichen ihres gelben Sonnenschirms. Dann lächelte sie DeCraven zu.

»Und was, Inspektor, Chefinspektor oder was immer Sie sind, was spricht dagegen, dass wir ihn beide umgebracht haben? Also James mit einem Wurfpfeil und ich mit ein paar Tropfen Arsen …«

DeCraven zog die Augen zu Schlitzen zusammen.

»Ich glaube nicht, dass ich die Art des Giftes genannt habe …«

»Ist Arsen nicht gerade in Mode …?«

Oggerty umklammerte immer noch James' Handgelenke.

DeCraven machte seinem Constabler mit dem Finger ein Zeichen.

»Ich glaube, Sie können ihm jetzt Handfesseln anlegen.«

»Oh, nein.« Miss Sophies feste Stimme überraschte den Chefinspektor. »James kann es nicht gewesen sein, weil wir beide längst das Lokal verlassen hatten. Nach dem Auftritt von Lady Henley hat mich James nach Hause begleitet. Und zu diesem Zeitpunkt lebte Sir Toby noch. Das kann Ihnen James ebenso bestätigen wie ich auch. Und wir sind nicht zurückge-kehrt.«

Der Butler hob überrascht den Kopf. Seine Augen leuchteten Miss Sophie an.

DeCravens Stimme war barsch: »Miss Sophie, verstehe ich Sie recht? Sie geben ihm ein Alibi? James wollte diese Raub-katze auf Sie hetzen!«

Er deutete auf den Tigerkäfig.

»So ein Unsinn, Inspektor. Ich bin ein ängstlicher Mensch, und dieser Käfig ist durchgerostet. Immer wenn wir hier sind und ich mir dieses herrliche, stolze Tier ansehe, bitte ich James vorher zu prüfen, ob das Schloss richtig eingerastet ist. Können wir jetzt gehen?«

Unwillig bedeutete DeCraven Oggerty, den Butler loszulas-sen. James hob die Baumwolltasche vom Boden und ließ die Hand darin verschwinden.

»Möchten Sie einen?«

Er streckte DeCraven einen Keks entgegen. Der schüttelte den Kopf.

Miss Sophie hatte sich schon zum Gehen gewandt, da drehte sie sich noch einmal um.

»Ob Sie es nun glauben oder nicht, Inspektor, ich habe mit Sir Toby einen guten Freund verloren. Und James seinen Vater. Wir werden ihm ein ehrendes Andenken bewahren. Er wird sozusagen immer einen festen Platz in unserer Mitte haben.«

Dann drehte sie sich um, nahm James' Arm, und beide strebten dem Gehege mit den Lamas zu.

»Eine erstaunliche Wendung«, sagte Oggerty. DeCraven kratzte sich am Hals.

»Möglich, dass beide die Täter sind. Aber sie sind auch ihre gegenseitigen Entlastungszeugen. In der Tat eine über-raschende Wendung.«

42

Oggerty schüttelte den Kopf.

»Und wir können nichts tun? Ihnen nichts nachweisen?«

»Nicht, solange sie sich einig sind. Aber ...«

»Ja, Sir?«

»Ich werde sie scharf im Auge behalten, Oggerty. Sehr scharf.«

DeCraven musterte den Tiger, der sich jetzt in eine Ecke seines Käfigs zum Mittagsschlaf legte. Für einen kurzen Moment trafen sich ihre Blicke. DeCraven hätte nicht zu sagen vermocht, was es war, aber irgendein Band war zwischen dem Tiger und ihm geknüpft. Eine geheimnisvolle, rätselhafte Verbindung.

ADMIRAL VON SCHNEIDER

Dunkle Wolken zogen über das nahezu menschenleere Gelände des Blackpool-Paradise-Polo-Clubs. Es war früher Morgen und ein kühler Wind zerrte an DeCravens Trenchcoat. Entschlossen trat er auf die kleine Menschenmenge zu, die sich in der Mitte des Polofeldes versammelt hatte. Oggerty wandte sich an den Chefinspektor.

»Kein schöner Anblick, Sir.«

»Kann ich mir denken«, antwortete DeCraven düster. »Schaffen Sie die Zeugen ins Vereinshaus. Ich werde sie später vernehmen.«

»Ja, Sir.«

»Eine Affenschande ist das.«

Der Chefinspektor stierte auf den Rasen.

»Himmelherrgott, Oggerty, wie können Sie zulassen, dass hier alle Spuren zertrampelt werden?«

»Aber, Sir ...«

DeCraven brachte den Constabler mit einer Handbewegung zum Schweigen.

Er bückte sich und zog etwas Längliches aus dem Gesicht des Toten. Dann trat er zwei Meter zurück und prägte sich aus der Distanz die Lage der Leiche ein.

Ihre Beine, oder besser das, was einmal die Beine gewesen waren, hatten jede Verbindung mit dem Körper verloren. Auch der Oberkörper wurde lediglich von den Kleidungsstücken zusammengehalten. Nur das Gesicht war bis auf eine deutliche Deformation in Höhe der Stirn weitgehend

45

unverletzt. Für einen Augenblick wünschte sich DeCraven, dass es nicht so gewesen wäre. Dann hätte man den Mann als namenlose Leiche in irgendeinem anonymen Grab beerdigen können. Gras darüber wachsen lassen und schnell vergessen.

Doch das Gesicht war trotz der Wunde eindeutig zu identifizieren. Der Mann, der da vor ihm im nassen Gras lag und mit seinen starr geöffneten Augen das Leben der Kleinstinsekten zu beobachten schien, war niemand anders als Admiral Gero von Schneider. Genau jener Admiral, den er zu beobachten hatte und dem auf höchsten Befehl unter keinen Umständen etwas zustoßen durfte.

»Sir, ich habe Sie gleich alarmiert …«

»Schon gut.«

Vor seinem geistigen Auge sah DeCraven, wie sich ein Unwetter zusammenbraute. Er würde zur Rechenschaft gezogen werden. Persönlich. Um Schlimmeres zu vermeiden, blieb ihm keine Wahl: Er musste auf schnellstem Wege Licht in dieses düstere Kapitel bringen. Seine einzige Chance, ohne größere Blessuren aus dieser Angelegenheit herauszukommen.

Aber warum wilderte er auch in fremden Revieren? Er gehörte zur Mordkommission und hatte sich nur an diesen Admiral geheftet, weil der in Miss Sophies Landhaus logierte. Wie hing das alles zusammen?

Es begann zu nieseln. Zwei uniformierte Polizisten führten die Zeugen hinüber in das flache Clubgebäude. DeCraven schritt einen Kreis um den Toten ab. Die Leiche erinnerte ihn mit all ihren Verrenkungen an eine umgestoßene Vogelscheuche. Wäre da nicht diese Flüssigkeit gewesen, die das Grün des Grases braun färbte. Und auch dieser gebrochene Knochen, der durch das eine Hosenbein ragte, passte nicht so recht ins Bild. Kein Zweifel, der Mann war nicht gerade ruhig aus dem Leben geschieden.

Als der Chefinspektor genau hinsah, entdeckte er eine spiralförmig verlaufende Spur, die sich auf den Toten zu drehte. Das Gras war platt gewalzt, als wäre hier ein Kettenfahrzeug entlanggefahren. Daneben Spuren menschlicher Schuhabdrücke. Die passten ins Bild und stammten wahrscheinlich von dem Admiral, aber was um alles in der Welt hatte ein Kettenfahrzeug auf einem Poloplatz zu suchen?

Der Chefinspektor blickte sich nach seinem Assistenten um. Nun gut, Oggerty war eine simple Natur, freundlich und gefällig, zuweilen etwas schwer von Begriff, doch alles in allem für einen Constabler nicht übel. Er hatte mit seinen früheren Assistenten Schlimmeres durchmachen müssen.

»Oggerty, ich denke, Sie sollten die Fußspuren vermessen.«

»Sir?«

»Dort neben diesem Abdruck des Kettenfahrzeugs.«

»Aber Sir, das ist nur ein halber Fuß ...«

»Und? Sollen wir ihn deshalb ignorieren?«

»Nein Sir.«

Mit auf dem Rücken verschränkten Armen schritt DeCraven auf den Rand des Platzes zu. Vor ihm ließ sich ein Fähnchen tapfer vom Wind zerzausen.

Wer hatte ein Interesse am Tod des Admirals? War es möglich, dass er da in eine politische Verwicklung unabsehbaren Ausmaßes geraten war? Nun fein, sein Renommee im Yard ließ nichts zu wünschen übrig. Bisher. Aber derartige politische Fälle pflegten nicht selten eine unkalkulierbare Eigendynamik zu entfalten.

Und Diplomatie war, weiß Gott, nicht seine Stärke. Andererseits, Admiral hin, Admiral her, lag da ein Toter in einer für ihn unvorteilhaften Lage auf dem Gelände des Paradise-Polo-

Clubs und der Mann war mit hoher Wahrscheinlichkeit ermordet worden. Und für Mord, da gab es keinen Zweifel, für Mord war nun einmal er zuständig.

Bis auf die Spuren des Kettenfahrzeugs war der Platz in tadellosem Zustand. Der Gärtner musste mit großer Hingabe das arg strapazierte Grün gepflegt haben, und auch die Besucher waren in den Spielpausen sicher zahlreich und mit großem Eifer auf den Platz geeilt, um behutsam die Löcher zuzutreten.

Aus dem Augenwinkel beobachtete der Chefinspektor seinen Constabler, der ein Bandmaß an die Spuren legte.

So viel war sicher: Der Admiral hatte es auf die Zielautomatik von Kanonen abgesehen. Man ließ ihn gewähren, obschon man nichts Schriftliches in seine Hände gelangen ließ. Schließlich gehörte er zu jenen Generälen, die den ins Exil vertriebenen deutschen Kaiser Wilhelm II. wieder auf den Thron hieven wollten. Der wartete im niederländischen Doorn darauf, dass die Zeiten sich änderten. Der Admiral sollte sich die Kanonenautomatik ansehen und dann in aller Seelenruhe wieder zurückkehren. Ein willkommener Spion sozusagen.

Nein, offiziell wollte niemand Admiral Gero von Schneider an den Kragen, und doch wurden jetzt seine mehr oder weniger weit verstreuten Reste aufgesammelt und in einem Blechsarg vom Spielplatz des Lebens getragen.

Fest stand auch, dass dieser von Schneider ausgerechnet in Rosen-Manor abgestiegen war, bei Miss Sophie und ihrem durchtriebenen Butler James. Beide standen unter dringendem Mordverdacht, was den Fall »Sir Toby« betraf. Doch DeCraven hatte ihnen die Tat nicht nachweisen können. Ganz ohne Zweifel waren sie auch in den Tod des Admirals verwickelt. Aber war er da tatsächlich einem Serienmörder-Pärchen auf der Spur? Womöglich vom Kaliber dieses Massenmörders Haarmann, der vor ein paar Jahren im deutschen Hannover verhaftet worden war? Sechsundzwanzig Männer sollte der umgebracht haben. Ganz unglaublich!

Was hatte Miss Sophie oder ihr Butler mit einem Spion zu schaffen? Lag es nur daran, dass sie entfernt verwandt waren, oder steckte mehr dahinter? War es möglich, dass ihre Vergangenheit neben der geheimnisumwitterten, nur teilweise entschlüsselten Herkunft des Butlers weitere dunkle Flecken aufwies?

Dem musste mit großem Elan nachgegangen werden.

DeCraven trat auf den Constabler zu, der gerade seine Berechnungen auf einem Stück Papier vermerkte.

»Wir werden uns jetzt den Zeugen im Clubhaus widmen.«

Oggerty rollte eilfertig sein Maßband zusammen.

»Lassen Sie ein paar Gipsabdrücke herstellen. Was, glauben Sie, bedeutet diese Kettenspur?«

»Nun, Sir, derartige Antriebssysteme werden neuerdings bei Fahrzeugen im Straßenbau und auch in den Minen benutzt. Zum Transportieren ...«

»Wer um Himmels willen kurvt mit einem kettenbetriebenen Minenfahrzeug über den Platz des ehrwürdigen Paradise-Polo-Clubs?«

»Keine Ahnung, Sir, aber könnte es nicht sein, dass Admiral von Schneider ...«

»Nun, Oggerty? Raus damit.«

»Nun, dass er wortwörtlich unter die Räder, also, unter die Kette geraten ...«

»Donnerwetter, Oggerty, das ist ja messerscharf geschlossen.«

Oggerty zuckte unter dem Spott des Chefinspektors zusammen. Heute war ihm wieder einmal überhaupt nichts recht zu machen.

»Schon gut, Oggerty, aber warum fährt man ... also, wenn
Sie mir die Formulierung erlauben, warum fährt man einen
Admiral regelrecht platt?«
»Nun, Sir, es gibt auch beim Militär neuerdings ...«
»Wir werden sehen, was die Zeugen zu sagen haben.«
Der Chefinspektor drehte sich um. Nein, an weiteren Theo-
rien war er nicht interessiert.

* * *

Standesunterschiede! Immer kam sie ihm mit ihren »Standesunterschieden«. Gütiger Himmel! Wo die Liebe hinfällt, da
gibt es keinen Rang und Namen mehr. Da recken sich die Rosen der Liebe dem Licht entgegen. Prachtvoll und in aller Öffentlichkeit. Nur sie will das nicht begreifen, verschließt ihr
warm pochendes Herz in ihrer eisernen Brust.
James schlug das Tuch gegen die Kante der Anrichte. Eine
Staubwolke nebelte die angetrockneten Astern ein. Er griff zu
einer Sherryflasche und drehte zärtlich das Etikett nach vorn.
Es mochten drei Fingerbreit Flüssigkeit sein, die den Boden
bedeckten.
Miss Sophie und ihre Standesunterschiede! Dahinter verbarg sich genauso ein Betrug wie in dieser Flasche. Nichts
als ordinäres Wasser schwappte da hinter dem grünlichen
Glas.
Er zog den Korken aus dem Flaschenhals und schnupperte
daran. Vom Sherrygeruch war kaum noch etwas zu erahnen.
Miss Sophie hatte alle Alkoholvorräte verschlossen. Wie ein
Kind behandelte sie ihn. Und dann diese Ausdrucksweise!
Von »hoffnungslosen Emotionen, die bis in alle Ewigkeit ihrer Erfüllung harren«, hatte sie gesprochen. Ausgerechnet sie
mit all ihrer mühsam verborgenen Zartheit. Eigentlich war

sie in der Tiefe ihres Herzens wie ein Schmetterling, der mit seiner schönen flügelschlagenden Eleganz den rauen Winden des Herbstes ausgesetzt war.

James seufzte und schlug den Korken in den Hals der Flasche zurück. Auf der Anrichte vor ihm grinste ihn der Porzellanhund an.

Diese lächerliche Kontrolle seines kleinen Privatvergnügens. War er nicht ein ganzer Mann? Einer, der einen kräftigen Schluck vertrug, wenn die Zeit dafür reif war?

Hätte er nicht diese glänzenden Beziehungen zu Mister McKinsey vom Kolonialwarenladen in der Down-Under-Street unterhalten, keine zehn Pferde hätten ihn in diesem Haus halten können. Zwischen diesen Wänden, in denen seine aufrichtigen Gefühle mit Füßen getreten wurden.

James stellte die Sherryflasche zurück auf die Anrichte und nahm sich die Likörkaraffe vor. Eifrig polierte er das Glas, hielt dann abrupt inne, schob seinen Zeigefinger durch den Henkel und ließ sie über dem magermilchgrünen Porzellanhund pendeln. Manchmal verspürte er einen tiefen, lustvollen Drang zur Zerstörung. Es war ein betörendes Gefühl, Macht über das Wohl und Wehe dieses Porzellanhundes zu haben. Verbarg sich hinter dieser Lust womöglich ein Anflug von Rache? Unwürdig war jedenfalls das Verhalten von Miss Sophie. Unwürdig und erniedrigend. Als ob er Probleme mit dem Alkohol hätte! Ein richtiger Mann trinkt hin und wieder einen Schluck. Das war ganz normal. Besonders in seiner Situation. Und was ging das diesen Hund an? Millimeter für Millimeter rutschte die Karaffe von seinem Finger.

»James, was führen Sie mit meinem Cairn-Terrier im Schilde? Dieses Erinnerungsstück ist mir besonders ans Herz gewachsen.«

»Miss Sophie, ich …«

»Nein, James. Wir wollen diese leidige Diskussion nicht fortsetzen, nicht wahr?«

»Aber, Miss Sophie! Sie sehen mich am Boden zerstört, ich …«

»James! Schluss mit dieser unwürdigen Theatralik!«

Der Butler zuckte bei den scharf gesprochenen Worten zusammen. In letzter Sekunde fing er die von seinem Finger gleitende Karaffe ab. Nur wenige Zentimeter über dem Kopf des Porzellanterriers. Nein, Sophie-Täubchen würde jetzt keinen Widerspruch mehr zulassen. Er hatte gelernt, ihre Stimmungen an der Tonlage abzulesen.

Um ihre Worte zu unterstreichen, ließ Miss Sophie ein Journal auf den Tisch fallen. Geräuschvoll zog sie die Luft durch die Nase.

»James, ich wünsche in dieser Angelegenheit nicht weiter malträtiert zu werden.«

»Sehr wohl, Miss Sophie.«

Seine Augen fuhren über die beachtliche, wogende Wölbung ihres Busens. Ja, dieses paillettenbestickte dunkelgrüne Kleid stand ihr besonders gut.

Hastig wandte er sich ab und griff nach dem Journal.

»Ich werde es wegräumen, Miss Sophie.«

»Tun Sie das, James«, sagte sie und verließ den Salon.

Gut, dass dieser von Schneider sie nun wieder in Ruhe ließ. Der Mann hatte die Frau ja völlig verrückt gemacht. Tagelang war sie zwischen einem verblödeten Grinsen und Wutausbrüchen hin- und hergependelt. Für Anzeichen eines beginnenden Schwachsinns hätte man es halten können. Das war jetzt glücklicherweise vorbei.

James blicke ihr traurig nach. Dann fiel sein Blick auf das Magazin. Diese Heftchen waren Miss Sophies neueste Leidenschaft. Und nicht nur ihre. Selbst McKinsey überlegte, ob er sie nicht seinen Kunden anbieten sollte. Unten auf den Promenadenbänken am Strand wurden sie sogar in aller Öffentlichkeit gelesen!

Mit spitzen Fingern wendete er das Heft. Wahrscheinlich waren genau diese Blätter an ihrem erneut auflodernden Standesdünkel schuld. Schließlich wurde darin von den Gerüchten berichtet, über die man auf den Fluren des Buckingham-Palastes tuschelte. Von verbotenen Liebeleien, heimlichen Verlobungen, von Intrigen und Querelen war da die Rede. Ja, sogar von haltlosen Hausmädchen und unehelichen Kindern.

Auch diese Geschichten hatten sie verrückt gemacht. Ihr den Kopf verdreht. Sie bildete sich ein, dass auch sie sich ihr Stück aus diesem Kuchen picken konnte. In ihrem Alter! Dabei konnte sie froh und mehr als zufrieden sein, dass er sich mit seiner ganzen Manneskraft ihrem Glück widmen und ihr einsames Leben mit einer gemeinsamen Zukunft krönen wollte. Was wollte sie da mit einem hergelaufenen Admiral?

Er schlug wahllos das Magazin auf und glaubte seinen Augen nicht zu trauen.

* * *

Zur Überraschung des Chefinspektors befand sich im Clubhaus eine gemütliche Bar mit zahlreichen Tischen. Hinter dem frisch polierten Mahagoni-Tresen kam ihm mit einem Geschirrtuch in der Hand eine junge blonde Frau entgegen. Auf einem Tablett balancierte sie drei Tassen Tee.

»Das wird doch nicht am Ende Ihre Ermittlungen stören, Sir?«

»Keineswegs«, antwortete DeCraven. »Wenn für mich auch eine Tasse dabei abfällt?«

Dieses verdammte Nieselwetter zog ihm in die Glieder. Das war das Lästige, wenn man älter wurde. Die Zipperlein nahmen von Tag zu Tag zu. Arthritis hatte sein Arzt diagnostiziert. Ein würdiger Name für eine unwürdige Krankheit.

»Gibt es hier einen Nebenraum?«

»Ja, Sir«, sagte einer der Zeugen. »Wir haben hier eine kleine Bibliothek, in die sich unsere Mitglieder ab und an zu Besprechungen zurückziehen.«

»Und Sie sind?«

»Hampton, Sir, Charles Hampton. Ich bin hier der Hausmeister.«

»Na schön, Mr. Hampton, dann werden wir mit Ihnen den Anfang machen.«

Gemeinsam betraten sie den kleinen Bibliotheksraum. Die in Leder gebundenen Bücher hatten die Regale offensichtlich seit Jahren nicht verlassen. DeCraven war sofort aufgefallen, dass um die Bücher herum nur sehr nachlässig Staub gewischt wurde.

»Nun, Mr. ...«

»Hampton, Sir.«

»Richtig, Mr. Hampton, was können Sie zu den Geschehnissen von heute Morgen sagen?«

Der Hausmeister knetete seine Mütze.

»Eine Katastrophe, Sir. Ich weiß gar nicht, was die Mitglieder ...«

»Mein herzliches Beileid, aber können wir jetzt zur Sache kommen?«

Oggerty fand, dass sein Chef zuweilen wirklich jedes Feingefühl vermissen ließ. Manchmal war er geradezu ruppig.

»Nun, man wird Ihnen nicht gleich den Kopf abreißen.«

»Aber ein Schuldiger wird doch immer ...«

DeCraven fixierte ihn scharf.

»Und? Sind Sie schuldig, Mr. Hampton?«

»Aber nein, Sir. Meine Wohnung liegt im Stadtzentrum, und gestern ist es etwas spät geworden. Also, das ist eigentlich nicht üblich, aber ich habe es mir kurz entschlossen mit einer Decke drüben auf dem Sofa bequem gemacht.«

»Sie haben also hier übernachtet?«

»Ähh, ja, Sir.«

»Und das ist nicht üblich?«

»Wie ich sagte, Sir!«

DeCraven bemerkte, wie dem Mann die Röte ins Gesicht schoss. Diese Übernachtung war ihm offenbar höchst peinlich.

»Also, ich bin von einem ohrenbetäubenden Krach aufge-
wacht ...«

»Singende Vögel, Meeresrauschen, zuschnappende Ungeheu-
er, Erdbeben ...?«

»Bitte, Sir?«

»Etwas konkreter, Mr. Hampton. Was war das für ein
Krach? Wir haben leider keine Zeit für das Spielchen: ›Welches Vögelchen singt denn da?‹«

DeCraven trommelte auf den Tisch. Aus dem Nebenraum
drang das Ticken einer Uhr.

»Motorenlärm, ich bin also zum Fenster ...«

»Haben Sie sich vorher angezogen?«

»Also, na ja, ich habe mein Hemd übergestreift und bin zum
Fenster. Und da sehe ich einen Panzer über das Grün rollen.«

DeCraven unterbrach abrupt sein Trommeln.

»Guter Mann Gottes, ein Panzer? Im Paradise-Club?«

Oggerty biss sich auf die Lippen. Dass Panzer neuerdings mit
Kettenantrieb statt mit Reifen herumfuhren, wollte er dem
Chefinspektor ja vorhin schon mitteilen, aber der hatte gar
nicht zugehört.

»Ich hab es auch nicht glauben können, Sir, aber es war eindeutig ein Panzer.«

»Und dann?«

»Ich bin zu meiner Kleidung, ziehe mich an, um nachzuse-
hen.«

»Sie sind also doch nackt, wie Gott sie schuf, zum Fenster?«

»Ja, also ich weiß nicht ... ich muss ...«

»Wie lange haben Sie dafür gebraucht?«

»Ein paar Minuten vielleicht.«

Oggerty sah, wie ein Schatten über DeCravens Gesicht
huschte.

»Als ich rauskam, sah ich dann einen Mann in den Panzer

56

klettern. Und dann fuhr er auch schon fort, und auf dem Rasen lag ein dunkles Bündel. Ich bin hingerannt, und da lag dieser Mann in diesem ... diesem beklagenswerten Zustand.«

»Wie sah der Mann in dem Panzer aus?«

»Ganz normal ... wie ein Mann eben. Nichts Besonderes ...«

»Hmh.«

DeCraven zog eine Packung mit Pfefferminz aus der Manteltasche. Sein Arzt hatte ihm aufgetragen, zur Beruhigung und Stärkung ab und an eine der Pillen zu sich zu nehmen. Er hasste Minze.

Der Hausmeister malträtierte weiter seine Mütze. DeCraven blickte ihm starr in die Augen. Wie oft hatte er mit diesem Blick Menschen in die Knie gezwungen. Auch der Hausmeister hielt ihm nicht stand. Er wendete sich ab und beteuerte, dass es nichts weiter zu sagen gebe.

»Sind Sie verheiratet, Mr. Hampton?«

Die Gesichtszüge des Hausmeisters erstarrten. Seine Lider flackerten nervös. Mit trockener Stimme antwortete er: »Ja, Sir.«

Oggerty konnte sich keinen Reim auf diese Frage machen. Sicher hatte sie einen tieferen Sinn, aber was um alles in der Welt hatte die Ehe des Hausmeisters mit dem toten Admiral zu tun?

Sicher, sein Chef konnte Vernehmungen führen wie ein Degenfechter. Er verstand es, mit seinen Fragen Finten zu schlagen oder seinen Gegner so lange zu ermüden und zu verwirren, bis er ohne Mühe zum finalen Todesstoß ansetzte.

Er war gespannt, was jetzt kommen würde.

»Das ist alles, Hampton«, sagte der Chefinspektor. »Vielen Dank.«

* * *

»Nieder mit dem Adel und allen Standesunterschieden – Aristokraten an die Laternen – Was hat die Französische Revolution uns heute noch zu sagen?« Die schwarzen Lettern tanzten vor James' Augen. Hastig blätterte er die Seite um. Ja, die Revolution! Auch in Russland war das Unterste zuoberst gekehrt worden. Selbst die Tageszeitungen waren voll von Geschichten über den Tod des Zaren, und dann die ganzen Emigranten, die sich mit ihren Rauschebärten und den Fellmützen in London herumtrieben.

Jetzt war er sich ganz sicher. Gut war es gewesen, Miss Sophies Cousin Gero von Schneider unter die Arme zu greifen. Er arbeitete gegen die britische Krone und damit gegen all die Verkrustungen, die mit ihr verbunden waren. Und wer gegen die Verkrustungen und diesen Standesdünkel war, nun, der war für James.

Gut, der Mann hatte ein doppeltes Spiel gespielt. Aber woher hätte er das wissen sollen?

Noch auf dem Weg durch den Salon begann James die ersten Zeilen des Artikels zu überfliegen.

Er stolperte über dieses alberne und löchrige Bärenfell. Instinktiv fing er sich und strebte, immer noch in das Magazin vertieft, seinem Zimmer zu.

»Aristokraten an die Laternen«, murmelte er. Er wusste gar nicht zu sagen, woher, aber plötzlich erklang eine französische Melodie in seinem Kopf.

Er musste sie im Radio gehört haben. Heimlich. Auch diese Segnung der Zivilisation war bei Miss Sophie verboten. Einen derartigen Lärm dulde sie nicht in ihrem Haus, hatte sie gesagt. Ihre Neigung zu einer gewissen Grämlichkeit würde er ihr schon austreiben. Nach dem Start in ein neues, gemeinsames Leben.

Er legte sich auf sein Bett, löste seinen Blick von dem Magazin und starrte zur Decke. Vielleicht sollten sie gemeinsam dieses nasse und neblige Land verlassen. Auf nach Paris! Am Ufer der Seine brach der Frühling aus den Knospen der Bäume. Er meinte Blumen zu riechen, und dann drang der Klang der Glocken von Notre Dame an sein Ohr.

Sie beide in Paris! In der Stadt, in der sie den Standesdünkel mitsamt ihren Vertretern an den Laternen aufgeknüpft hatten. Auf nach Frankreich, in das Land der Freiheit, dem Land, das einem Butler ganz neue Möglichkeiten bot. Nun gut, man musste ja nicht gleich auf diesen gusseisernen Eiffelturm steigen, mit dem man vor einigen Jahren aus für ihn unerfindlichen Gründen die Stadt verschandelt hatte. Nein, der französischen Ingenieurskunst traute er nicht. Unten am Strand von Blackpool hatten sie ja auch so ein Monstrum hingesetzt. Aber Montparnasse, der Louvre und dann die Tuilerien! In das Moulin Rouge würde er lieber allein gehen. Später. Vor seinem inneren Auge zogen Miss Sophie und er auf einem Seine-Boot vorbei. Eng umschlungen. Sie waren die Einzigen an Bord.

Zurück aus den glücklichen Bilderwelten seiner Träume, sah er sich in seinem Zimmer um. Karg war es, doch andererseits das letzte Refugium seiner kleinen Freiheit. Von diesem Zimmer aus würde er die Welt verändern. Ja, diese Kammer war seine Bastion, und er würde sie zu verteidigen wissen. Auch ohne die Hilfe dieses Admirals, der ihn betrogen hatte. Wollte am Ende nur seinen Kaiser wieder auf den Thron bringen. Dem Alten und Verkrusteten zu neuem Glanz verhelfen? Nicht mit James.

Neben dem Spiegel prangte das Bild von König Georg. Kurz entschlossen griff James zu seiner Pyjamahose, die unordentlich über einem Stuhl baumelte. Er stellte sich vor das Konterfei des Königs, deutete eine respektvolle Verbeugung an und verhängte das Bild.

Dreimal klopfte es an seine Tür. James zuckte zusammen.

»Wir wollen doch nicht die Vorbereitungen für den Tee vergessen, nicht wahr, James?«

James knurrte eine Antwort. Dann warf er sich den Frack über. »Sehr wohl, Miss Sophie.«

* * *

Der Chefinspektor wies Oggerty an, Susan Allen in das improvisierte Vernehmungszimmer zu rufen. Sie war im Club so eine Art »Mädchen für alles«. Ihre langen blonden Haare fielen in Strähnen über das Gesicht, und ihre braunen Augen standen schwer unter Wasser. Mit den Fingern versuchte sie, unsichtbare Splitter aus der Tischplatte zu ziehen. Sie beteuerte, erst eingetroffen zu sein, als bereits alles vorbei war.

»Dann können Sie keine Angaben machen?«, fragte Oggerty, der seinem Chef beweisen wollte, dass auch er durchaus in der Lage war, ein Verhör zu führen.

»Nein, also, nun ja, ich habe den Toten gesehen. Ganz furchtbar.« Ihre Augenlider flackerten. »Da war ja kaum noch etwas zu erkennen …«

Wieder liefen ihr Tränen über das verhuschte Gesicht. Sie zog ein weißes Taschentuch aus ihrer Schürze und schnäuzte hinein.

»Was ist nur los mit den Menschen?«, sagte sie und schüttelte den Kopf.

»Und Sie haben den Panzer nicht gesehen?«

»Nein«, sagte sie.

»Ungemein aufschlussreich, Miss Allen. Und warum wundern Sie sich gar nicht, dass auf dem Gelände ein Panzer …?«

Sie brach erneut in Tränen aus. Oggerty wollte mit einer entscheidenden Frage nachsetzen, doch DeCraven winkte ab.

»Also, ich … also Mr. Hampton hat es mir erzählt und …«
DeCravens scharfe Stimme unterbrach sie.
»Und Sie sind erst gekommen, nachdem der Panzer wieder
verschwunden war?«
Ihre Stimme bebte.
»Ja, Sir.« Wieder hemmungsloses Schluchzen.
DeCraven ermahnte sie, sich zur Verfügung zu halten.
Sie verließ die Bibliothek. Gebeugt und mit vorgestreckten
Händen. So, als hätte der Chefinspektor ihr bereits Hand-
schellen angelegt. DeCraven schob sich verärgert eine weitere
Pfefferminzpastille in den Mund.

George Saldon, der dritte vermeintliche Zeuge, hatte nichts
weiter beizusteuern. Er habe wie gewöhnlich im Stall gearbei-
tet und die Pferde versorgt. Er sei erst dazugestoßen, als der
Hausmeister mit Susan Allen »ganz fassungslos«, wie er sagte, neben dem Leichnam gestanden hatte.
DeCraven meinte, ein Zucken in seinem Gesicht zu bemerken, als er den Namen von Susan Allen aussprach. Das war
interessant. Er entließ den Stallmeister und bat auch ihn, sich
für weitere Verhöre bereitzuhalten.
Saldon zuckte gleichgültig mit den Schultern und verließ die
Bibliothek.
Es kam Oggerty so vor, als habe der Chefinspektor ganz be-
wusst etwas ausgelassen. Seine Gesichtszüge verrieten jedenfalls, dass etwas heftig in ihm arbeitete. DeCravens Augen
stierten auf den Tisch. Geistesabwesend zog er die Dose mit
Pfefferminzpastillen aus der Tasche, pflückte eine heraus und
schob sie sich langsam in den Mund. Oggerty hätte sein neues
Fahrrad gegen einen kurzen Blick in die Hirnwindungen des
Chefinspektors getauscht.
Schweigend verließen sie das Clubgebäude. Plötzlich blieb

der Chefinspektor stehen und sah seinen Constabler unvermittelt an.

»Ein verwirrender Fall, nicht wahr, Oggerty?«

»O ja, Sir, äußerst verwirrend.«

»Im Nichts endende Spuren und Menschen voller rätselhafter Geheimnisse.«

»Sir?«

Aus dem Stall drangen die Stimmen von Hampton und Saldon. Hamptons Stimme überschlug sich.

»Wenn Lord Strathle davon Wind bekommt, dann …«

»Soll er doch! Was kann ich denn dafür, wenn hier die Pferde …«

»Saldon, *Sie* sind der Stallmeister! Sie sind verantwortlich dafür, dass die Pferde nach der Arbeit trockengerieben und richtig versorgt werden. Auch wenn die Biester zäh sind, so ein Pferd holt sich eins, zwei, drei eine Lungenentzündung.«

»Ich kann schließlich nicht neben den Pferden schlafen.«

»Saldon, Sie haben keine Ahnung. Wenn Lord Strathle dem Club den Rücken kehrt, dann …«

Wütend stapfte Hampton aus dem Stall. Der Chefinspektor und Oggerty traten ihm in den Weg.

»Etwas nicht in Ordnung?«

»Schlampereien«, sagte Hampton.

»Saldon behauptet, das Pferd von Lord Strathle sei ohne Einwilligung und so mir nichts, dir nichts aus dem Stall entfernt und geritten worden. Anschließend habe jemand das schweißnasse Pferd einfach in die Box gestellt, ohne sich weiter darum zu kümmern.«

DeCraven pfiff durch die Zähne.

»Und?«

Hampton tat so, als nehme er gerade einen kräftigen Schluck aus der Flasche zu sich, und deutete zum Stall.

»Er trinkt?«, fragte der Chefinspektor. Hampton wandte sich zum Gehen.

»Ach, Mr. Hampton, noch etwas.«

»Ja, Sir?«

»Können Sie sich wirklich an keinerlei Details bei diesem Mann auf dem Panzer erinnern?«

Hampton zuckte die Schultern.

»Nein, Sir.«

»Alt oder jung oder …«

Hampton schüttelte den Kopf und sagte, dass er sich um den Heizkessel kümmern müsse. Er stapfte auf das Clubgebäude zu.

»Er lügt«, raunte DeCraven Oggerty zu. »Die beiden Streithähne sind eifersüchtig.«

»Auf wen, Sir?«

»Kommen Sie, Oggerty«, befahl er knapp.

»Ja, Sir. Wohin?«

»Gütiger Himmel, Oggerty. Dreimal … nein, zweimal dürfen Sie raten. Verwandtenbesuch!«

»Sir?«

* * *

Während Oggerty sich auf die Straße und die Tücken des Dienstwagens konzentrierte, betrachtete der Chefinspektor nachdenklich ein Foto des Admirals.

Es war auf der Überfahrt von der britischen Spionageabwehr gemacht worden. Von Schneider trug einen Staubmantel, und DeCraven glaubte an seiner Körpersprache abzulesen, dass er sich darin nicht wohl fühlte. Hohe Offiziere wie er tauschten nur äußerst ungern ihre Uniform gegen zivile Kleidung. Das war ihm schon oft aufgefallen. Das kantige Gesicht des Admirals mit den hervorspringenden Wangenknochen war mit einer ledernen Haut überzogen. Die Haare waren zu kurzen Stoppeln geschnitten, und auf der Wange prangten einige Schmisse. Argwöhnisch hatte Admiral von Schneider seine Hakennase witternd in die Seeluft gehalten. Wie ein Raubvogel, dachte DeCraven.

»Und Sie glauben, Miss Sophie …?«

Der Chefinspektor ließt Oggerty nicht aussprechen.

»Es müssten sich doch alle dämonischen Fußtruppen des Teufels zusammengetan haben, wenn das ein Zufall wäre. Kaum logiert dieser Admiral bei Miss Sophie, schon wird er umgebracht.«

Derart aufgeregt kannte Oggerty seinen Chef noch gar nicht. Ein Kaninchen hoppelte über die Straße, und Oggerty musste scharf auf die Bremse treten. Der Chefinspektor warf ihm einen missbilligenden Blick zu.

Kurze Zeit später waren sie am Ziel. Rosen-Manor strahlte etwas Düsteres und Abweisendes aus. Entschlossen drückte der Chefinspektor den Messingknopf. »Ding-dong« vibrierte es durch das Haus. Dann die schlurfenden Schritte des Butlers. Die Tür wurde geöffnet. Nein, er konnte bei James keinerlei Anzeichen von Überraschung entdecken. Entweder war er wirklich ganz und gar vertrottelt oder aber ein äußerst gerissener und durchtriebener Bursche.

»Würden Sie bitte …?«

Weiter kam der Chefinspektor nicht, denn mit einem gebrummten »Adieu« schloss James die Tür.

»Adieu? Oggerty, haben Sie schon mal von einem britischen Butler …«

Jetzt drückte Oggerty auf den Messingknopf.

James öffnete erneut und bat die Gäste mit einer gleichmüti-
gen Verbeugung und gelangweiltem Gesichtsausdruck herein.

»Nun, James, ein Sinneswandel?«, fragte DeCraven.

»Sir?«

»Entschuldigen Sie, Chefinspektor, aber mein Butler nimmt
sich zuweilen Freiheiten heraus, die …«

Am Ende der dunklen, muffig riechenden Eingangshalle
stand Miss Sophie. Sie trug einen turbanartigen Hut, an dem
eine etwas aus der Form geratene Straußenfeder wippte.

Als der Chefinspektor auf sie zutrat, beugte sie sich vor und
flüsterte ihm ins Ohr: »Ich werde ihn entlassen müssen. Der
Mann ist unhaltbar.«

»Das ist ein Gedanke, Miss Sophie«, sagte DeCraven. »Also
geradewegs auf das Ziel los: Sie beherbergen einen Gast,
der …«

»Warum so förmlich, Chefinspektor? Habe ich gegen eine
Vorschrift zur Unterbringung von Verwandten verstoßen?
Der Admiral ist mein Cousin.«

»Ich wusste gar nicht, dass Sie in Deutschland Verwandte
haben.«

»Himmel, all diese Heiraterei in den verschiedenen Häu-
sern, da gibt es vielfältige Verbindungen. Wer sieht da noch
durch?«

»Schon gut, Miss Sophie. Admiral von Schneider ist ein Cousin, der Sie völlig überraschend …?«

»Die Verwandtschaft sucht man sich nicht aus. Aber warum
dieser kriminale Wissensdurst?« Miss Sophie beugte sich vor
und flüsterte: »Werden Sie mir die Liebe tun und ihn womöglich verhaften, damit ich wieder meine Ruhe habe?«

Sie kicherte.

Aus einem entfernteren Zimmer drang laut kreischende Grammophonmusik. Miss Sophie schlug die Augen in Richtung Decke. »James«, seufzte sie. »Seitdem Cousin Gero im Haus ist ... Wie verwandelt ist der Mann.«

»Freiheit«, hörten sie den Butler brüllen. »Gebt Freiheit, Sire.«

Das Grammophon wurde lauter gedreht. DeCraven erkannte die Klänge der Marseillaise. Eigenartiger Musikgeschmack. Wieder beschlich ihn das Gefühl, dass dieser James den Trottel nur spielte. Er musste da dringend nachfassen. Trank der Mann wirklich so viel, wie er vorgab? Waren die fulminanten Tränensäcke, die er zur Schau stellte, tatsächlich echt? Und seine geradezu verwegene Heruntergekommenheit? Hatte er damals bei der Ermittlung im Fall des ermordeten Sir Toby etwas Entscheidendes übersehen?

»Miss Sophie, ich fürchte, eine Verhaftung liegt nicht mehr im Bereich meiner Möglichkeiten. Admiral von Schneider stellt sich seit kurzem in den ewigen Jagdgründen ganz neuen Aufgaben.«

Miss Sophie schien nicht sonderlich überrascht.

»Der Ärmste! Nun, als Soldat muss man damit rechnen. Im Übrigen: Was für eine Ausdrucksweise, Chefinspektor? Spüre ich da eine gewisse Neigung zum Sarkasmus ...«

»Miss Sophie ...«

»Wenn ich Ihre Formulierung richtig verstehe, ist er tot.« Sie schüttelte den Kopf. »Dabei sah er so wohl aus. Oder steht Europa in Flammen? Landen die Feinde an Englands Küsten und ich habe nichts davon mitbekommen?«

»Er ist keines natürlichen Todes gestorben. Und auch nicht auf dem Feld der Ehre.«

»Chefinspektor DeCraven, haben Sie sich deshalb persönlich herbemüht?«

Miss Sophie erhob sich und bat den Chefinspektor, ihr zu folgen. DeCraven fiel die seltsame silberne Vase auf dem Tisch ins Auge. Wacker mühte sie sich, einem beklagenswerten braunen Blumenstrauß ein wenig Halt zu geben. Auch im Flur bemerkte der Chefinspektor in einem alten Glasschrank ähnliche Behältnisse. Unter dem Staub blau angelaufen. Im Laufe der Jahre waren sie der Vergessenheit anheim gefallen, und nur seinem geschulten Auge war es zu verdanken, dass er sie als Pokale identifizieren konnte.

Aus einem Zimmer im Dachgeschoss dröhnte immer noch James' raue Stimme. Er versuchte, der französischen Nationalhymne durch einen tiefen Brummton einen besonders patriotischen Ausdruck zu verleihen.

»Allons enfants de la patrie … le jour de gloire est arrivé.«
DeCraven lief ein Schauder den Rücken herunter.

Miss Sophie berührte ihn sacht und fast zu vertraut an der Schulter.

»Beachten Sie ihn nicht weiter. Hier entlang, bitte.« Sie öffnete die Tür zu einem Zimmer.

»Hier hatten wir den guten Gero einquartiert.«

* * *

Irgendwo, weit entfernt, fiel etwas dumpf zu Boden. Dieses Kellerarchiv der *Times* war direkt unheimlich. Oggerty stützte sich auf ein geschnürtes Bündel vergilbter Zeitungen und versuchte seine Gedanken zu ordnen. Bei dem toten Admiral ging es um einen Fall der nationalen Sicherheit. Allerhöchste Stellen waren involviert. Ja, dies war seine Chance, allen zu beweisen, was in ihm steckte.

Die Durchsuchung in Rosen-Manor hatte einige Absonderlichkeiten zu Tage gefördert, die ein ganz neues Licht auf den

Tod des Admirals warfen. Bewundernd dachte Oggerty an den Chefinspektor, der in seiner Gründlichkeit den Boden und die Holzverkleidung abgeklopft hatte. Ihre Chancen waren nicht gerade rosig, denn irgendjemand hatte bereits vor ihnen das Zimmer durchsucht.

Sie hatten nichts Wichtiges entdecken können. Dann schob sich eine Regenwolke vor die Sonne, und das erwies sich als ganz besonderer Glücksfall. Als der Chefinspektor das Licht einschaltete, war ihnen der Schatten sofort aufgefallen. Dieser spionierende Admiral hatte die geheimen Dokumente tatsächlich in der Schale der Deckenbeleuchtung versteckt. Äußerst gerissen. Nur mit den launischen Kapriolen des Wetters hier auf der Insel hatte er nicht gerechnet.

Die Papiere waren aufschlussreich und doch rätselhaft. Neben allerlei militärischen Aufzeichnungen über Panzer, Kanonen und Munition gab es Skizzen von einem Gerät, das Oggerty an einen Sextanten erinnerte, wie er ihn einmal bei einem Familienausflug in der Seefahrtsabteilung eines Museums entdeckt hatte.

Ihn fröstelte, wenn er nur daran dachte. Nein, zu einer Seereise hätte ihn niemand überreden können. Nicht einmal der Chefinspektor. Wasser hatte keine Balken. Ja, in einem Punkt war er sich ganz sicher: Wenn irgendetwas sein Leben vor der Zeit beenden würde, dann gewiss nicht die Dummheit, sich auf einen Bootsausflug oder gar eine Schiffsreise über den Kanal einzulassen. Sicher, Oggerty hätte sich gerne einmal auf dem Festland umgeschaut. Aber da lag doch eine Menge Wasser zwischen dem Vereinigten Königreich und dem Kontinent – zu viel Wasser. Und das war auch ganz gut so.

Rätselhaft war dieser Fall. Der Chefinspektor hatte sich für die geheimen Unterlagen gar nicht interessiert. Vielmehr hatte er die verknitterte Entlassungsurkunde eines Mannes studiert, die ihn als ehemaligen Insassen einer »Anstalt für geistig Verwirr-te« auswies. Von manischen Depressionen war darin die Rede und von haltloser Trunksucht. Ja, sogar ein familiärer Inzest-verdacht wurde darin ausgesprochen. Oggerty schüttelte ange-ekelt den Kopf. Bevor er seine Laufbahn bei der Polizei antrat, hatte er nicht einmal in seinen schlimmsten Alpträumen ge-ahnt, was ihm an abgrundtiefer menschlicher Bösartigkeit bei Scotland Yard begegnen würde.

Auch der Familienname von Miss Sophie war in dem Papier gefallen. Wie hing das mit dem Fall zusammen? Und dann der Briefwechsel, den der Admiral mit dem Sekretär des ehemali-gen deutschen Kaisers geführt hatte.

Bahnte sich hier womöglich eine hochbrisante Entdeckung an? Eine Verwicklung internationalen Ausmaßes? Würde bald auch sein Name in großen Lettern in der *Times* zu finden sein?

Wenn es zum Krieg kam, würde Tante Mary auf dem Land seine Familie sicher aufnehmen. Er würde selbstverständlich in London bleiben und seinen Mann stehen. Oggerty fühlte sich schwindelig. Nur nichts falsch machen. Der Chefinspek-tor und das Vaterland verlangten allergrößte Konzentration. Vielleicht fand er in diesen vergilbten Zeitungen den alles ent-scheidenden Hinweis. Aber warum sollte dieser ausgerechnet auf den Sportseiten versteckt sein? Ein Spionage-Code?

Der Chefinspektor hatte ihm aufgetragen, nur diesen Teil der *Times* in verschiedenen Jahrgängen zu durchforsten. Der Weg zur Rettung des Vaterlandes hatte mit Staub zu tun. An-dere waren in den Schützengräben gestorben, und er, Ogger-ty, kämpfte hier an einer einsamen Front, mitten im aufwir-belnden Staub alter Zeitungen.

* * *

An dieses grüne Zeug würde er sich nie gewöhnen. James hob das Glas Absinth und prostete seinem Spiegelbild zu. Ja, dieser Bart gab ihm eine ganz eigene, unverwechselbare Ausstrahlung. Er passte zu seinem Gefühl, und das sagte ihm ganz unmissverständlich: James, dort im Spiegel, das ist ein neuer, ein aufrecht gehender Mensch! Ein Mensch, der zu neuen Ufern und Horizonten aufbricht.

Er nahm einen kräftigen Schluck und musste husten. Sicherlich ließ sich in Paris ein akzeptabler Whisky auftreiben. Was sollten die Revolutionäre auch gegen einen ordentlichen Schluck einzuwenden haben?

Besonders bei seinen Verdiensten. Wenn alles problemlos gelaufen wäre, wer weiß? Vielleicht wären er und Britannien bereits am Ziel?

Eigentlich hatte er vorgehabt, zusammen mit diesem Admiral persönlich die Tore des Buckingham-Palastes aufzusperren. Aber es würde auch ohne diesen Gero von Schneider gehen. Er würde die Panzerzielautomatik, von der ihm dieser Schneider erzählt hatte, alleine besorgen und sie dann weiterreichen. Und dann wäre alles ganz einfach: Deutschland und England erklären sich den Krieg. Frankreich greift ein. Sturz des Hauses Windsor, ja, Sturz der Monarchie.

Britannia rules the waves? Lächerlich! Nein, Schiffe versenken würden die Franzosen mit der britischen Flotte spielen. Mit seiner Geschützzielautomatik. Ja, er hörte es ganz deutlich: der Kanonen erstes Donnergrollen. Vielleicht sollte er unter diesen Umständen doch in der neu errichteten britischen Republik bleiben? Ein politisches Amt übernehmen? Und Miss Sophie an seiner Seite. James sah sie, bei ihm untergehakt, eine Reihe ihnen zujubelnder Untertanen abschreiten. Sie blickte zu ihm auf. Voller Respekt und überquellender Liebe.

Er besah sich das Glas. Vielleicht sollte er Miss Sophie davon zu kosten geben. Nein, lieber doch nicht. Besser, er beschaffte eine Flasche Champagner. Das würde sie überzeugen. Champagner, das war das Flüssigkeit gewordene Lebensgefühl Frankreichs. Fort mit all dem Muff und Standesdünkel. Die Freiheit prickelte im Gaumen, die Freiheit war spritzig und erfrischend. Die Früchte, aus denen sie hergestellt war, wuchsen auf sanft ansteigenden Hügeln. Hügel, die es gemeinsam zu erklimmen galt. Ja, Frankreich, das war das Land der Verheißung. James nahm eine Spitze seines Fracks und tupfte sich damit die Mundwinkel ab. Er musste mit ihr reden. Gleich jetzt.

Als James den Salon betrat, blätterte Miss Sophie in ihren Magazinen. James wedelte mit seinem Trockentuch über den Esstisch. Miss Sophie blickte nur kurz auf.

James hüstelte, hob die Blumenvase und polierte einen unsichtbaren Wasserfleck.

»James?«

»Ja, Miss Sophie?«

»Raus mit der Sprache.«

»Wie meinen, Miss Sophie?«

»Aber, James, würden Sie die Güte haben, mir zu verraten, was in Ihrem Kopf vorgeht?«

»O ja, Miss Sophie. Die Champagne, sanfte Hügel, ein bestirntes Firmament …«

»Du lieber Himmel, James! Wir wollen doch nicht wieder mit diesem Unsinn beginnen …«

»Gleichheit und Brüderlichkeit und, jawohl, Menschlichkeit!«

»James, werden Sie mir gleich wieder etwas vorsingen?«

»Nein, Miss Sophie.«

»Gut, James. Wir befinden uns hier in einem Trauerhaus. Bedenken Sie das tragische Schicksal von Cousin Gero.«

Miss Sophie vertiefte sich wieder in ihr Magazin.

Wütend stieß James den Stuhl von sich, auf den er sich eben noch gestützt hatte.

Ihr geisterte immer noch dieser von Schneider im Kopf herum. Kaum sahen die Frauen eine Uniform, schon ... Was fanden sie nur daran? Allein wie dieser Admiral die Stiefel zusammenschlug. Hätte ihn dieser Zwischenfall auf dem Poloplatz nicht dahingerafft, der Mann hätte sich wahrscheinlich selbst umgebracht. James dachte mit Grausen daran, wie es wohl in seinen Stiefeln ausgesehen haben musste.

Dieser stümperhafte Möchtegern-Spion. Zum Narren hatte er ihn gehalten. Von wegen Sturz der britischen Monarchie! Seinen Kaiser wollte er wieder in den Sattel hieven! Nur zu diesem Zweck hatte er sich bei Sophie eingeschlichen wie ein nasser Kater. Und auch sein Vertrauen hatte er missbraucht. Und nicht zuletzt: Er hatte die Ideale der Revolution verraten. Was ihm passiert war, geschah ihm ganz recht. Eine Verkettung unglücklicher Umstände. Ja, das Wort »Verkettung« traf es. Eigentlich hatte er ihm nur einen Denkzettel verpassen wollen, denn kurz und gut, was machte so ein fehlendes Bein einem Admiral schon aus? Das galt doch unter diesen Leuten als eine Art Orden. Passte zu den Schmissen im Gesicht. Wenn da auf dem Poloplatz nicht plötzlich ...

Außerdem hatte der Mann ein Auge auf seine Sophie geworfen. Dabei waren sie verwandt. Ein Verhältnis zwischen Cousin und Cousine fiel zwar nicht unter das Inzestverbot, aber das ließ sich ändern. Gleich nach Ausrufung der Republik wollte er derartige Verbindungen verbieten.

Womöglich hing der bemitleidenswerte Zustand des Staates und seiner führenden Repräsentanten mit der praktizierten Erbsünde zwischen Cousin und Cousine zusammen. Darüber musste er einmal in Ruhe nachdenken.

Da wurden Geldhochzeiten arrangiert und Ländereien zu-
sammengelegt, da schickte man die daraus hervorgehenden
sabbernden Bälger auf teure Internate ... Ja, er wusste doch,
was vor sich ging, in dieser so genannten feinen Gesellschaft!
Aufgeräumt werden musste da. Ein Sturm würde über die Insel hereinbrechen. Auch wenn er bislang noch keine Anzeichen verspürt hatte, für James bestand nun kein Zweifel
mehr: Überall roch es nach Revolution. Vive la révolution!
Gleichheit und Brüderlichkeit, hinfort mit den Standesunterschieden, weg mit dem Inzest. Weg mit der Verschwisterung
und Verschwägerung. Alles war in Bewegung, nur hier auf
der Insel schlief man noch immer den Schlaf der Zuspätge-
kommenen und dämmerte vor sich hin. Ein Skandal war das.

* * *

Oggerty blätterte lustlos die Sportseiten durch. Zwanzig Jahre alte Fotos von Kricketspielern, Tennis-Assen, die sich im
Laufe der Jahre gegenseitig die Pokale weiterreichten, ja sogar zwei britischen Olympiamannschaften war er begegnet.
Seltsam, wie sich im Laufe der Jahre die Mode änderte.
Er sah von dem Stapel Zeitungen auf. Wohin er blickte, standen alte Folianten und Aktenordner. Süßlich modriger Geruch hing in der Luft. Mit jeder Stunde kroch ein wenig mehr
Kälte unter seine Kleidung. Und einsam war es. Nur ein junger Mann war vor drei Stunden hereingeschneit, hatte kurz
gegrüßt und einen Aktenordner ins Regal geschoben. Ein un-
wirtlicher Ort, solch ein Archiv. Voller längst verwehter Geschichten und Menschen. Ein Ort voller papierner Geister,
die sicherlich nur darauf warteten, als Monster mit kaltem
Blut und klammem Fleisch zu erscheinen.
Unsinn! Schließlich war er Polizist. Und ein Polizist durfte

sich nicht von derartigen Dienstmädchen-Schauergeschichten beirren lassen. Der Chefinspektor war noch einmal nach Rosen-Manor aufgebrochen, um Miss Sophie und ihren Butler erneut zu befragen. Später wollten sie sich dann im Polo-Club treffen.

Oggerty kam der Obduktionsbefund in den Sinn. Viel hatten die Mediziner nicht herausfinden können. Dafür war von Schneiders Körper zu stark in Mitleidenschaft gezogen. Merkwürdig waren allerdings die Wunde im Gesicht und der Bambussplitter, den DeCraven dem Toten noch am Tatort aus der Wange gezogen hatte.

Verzweifelt blickte er sich um. Das konnte noch Tage dauern. Warum nur musste er es immer ausbaden, wenn der Chefinspektor wieder mal so eine Ahnung hatte? Lustlos blätterte er die Sportseiten der nächsten Ausgabe auf – und erstarrte. Es war ganz unglaublich, doch es bestand kein Zweifel! Der Chefinspektor mit seiner Spürnase hatte wieder einmal Recht behalten.

* * *

DeCraven trommelte ungeduldig auf das Lenkrad. Drüben in Rosen-Manor tat sich nichts Außergewöhnliches. Er hasste diese Observationen, dieses stundenlange Herumsitzen im Auto, das Beschlagen der Scheiben, die Rückenschmerzen und auch das Stehen an zugigen Ecken und in feuchten Toreingängen. Er hasste die Sinnestäuschungen, die sich einstellten, wenn man nur lange genug beobachtete, und er hasste die Grippe, die sich mit schöner Regelmäßigkeit nach derartigen Einsätzen meldete.

Der Chefinspektor war fest entschlossen, sich nach seiner Pensionierung einen sonnigeren Flecken auf dieser Erde zu suchen. Vielleicht das spanische Festland? Oder eine Insel? Auf jeden Fall ein Land, in dem saftige Apfelsinen wuchsen. Madeira hörte sich verlockend an. Die Realitäten sahen anders aus. Er saß hier herum und musste Arbeiten übernehmen, die … nun gut, Oggerty war mit anderen Recherchen beschäftigt. Dennoch: Warum musste er als Chefinspektor des Yard sich mit einer derart unwürdigen Arbeit herumschlagen? Gut, der Auftrag kam von allerhöchster Stelle, und seit Monaten herrschte ein grässlicher Personalmangel in allen Dienststellen. Außerdem lag halb Scotland Yard im Bett, niedergeworfen von einem grassierenden scheußlichen Schnupfen. Dennoch …

Seine Kollegen versuchten mit Überstunden dem allmählich überhand nehmenden Verbrechen die Stirn zu bieten. Hühnerdiebstahl, abhanden gekommene Fahrräder, Taschenraub am helllichten Tag … alle kriminellen Elemente des Königreichs schienen sich in einer Offensive vereinigt zu haben. Nein, da hieß es hochsensibel den Dingen ins Auge blicken und auf der Hut sein. Sonst würde diese Welle des Verbrechens noch über jedem halbwegs anständigen Briten zusammenschlagen.

Wie dem auch sei, hier tat sich nichts mehr. Besser, er fuhr zunächst in den Polo-Club. Dort galt es Licht in ein dunkles Kapitel der Zeugenaussagen zu bringen. Alles Weitere würde sich finden. Wenn er richtig lag, dann …

* * *

Als Oggerty mit der Zeitung in seiner Tasche den Poloplatz erreichte, war der Chefinspektor bereits bei der Arbeit. Er fand ihn in der kleinen Bibliothek. Vor ihm saß mit verheulten Augen Miss Allen.

»Denken Sie an meinen Ruf, Chefinspektor, und …«

»Ihr Ruf ist ruiniert, wenn ich Sie wegen einer Falschaussage einsperren lasse.«

Sie schluchzte auf. DeCraven berührte ihren Arm.

»Miss Allen, wir sind nicht von der Sittenpolizei, und die Ehe von Mr. Hampton … Miss Allen, uns interessiert einzig und allein dieser bewusste Morgen. Sie haben mit Mr. Hampton im Clubhaus übernachtet.«

»Als Hamp… ich meine, Mr. Hampton schlief noch, da habe ich Geräusche gehört und bin zum Fenster. Und da habe ich ihn gesehen.«

»Was genau haben Sie gesehen?«

»Aber ich liebe ihn doch, und wenn seine Frau …«

DeCraven schüttelte den Kopf. Susan Allen versuchte ihr Schluchzen zu unterdrücken.

»Sie hörten also dieses Motorengeräusch und …«

»Es war ein Panzer. Da geht plötzlich oben die Klappe auf, und es wird eine Fahne gehisst.«

»Auf dem Panzer?«

»Ja.«

»Die Fahne des Vereinigten Königreichs?«

»Nein, Sir.«

»Himmelherrgott, nun lassen Sie sich doch nicht alles aus der Nase ziehen!«

»Es war die Trikolore, die französische …«

»Ich weiß, was die Trikolore …«

»Also, ich hab sie mal am Buckingham-Palast gesehen. Bei einem Staatsbesuch.«

»Also, die Panzer-Einstiegsluke öffnet sich, und dann wird da die französische Flagge gehisst?«

»Genau so, und dann ist der Mann wieder rein, und der Panzer ist immer um den Mann auf dem Rasen im Kreis gefahren. Und …«

»Und?«

»Er trug einen Schal vor dem Gesicht und einen viel zu großen Overall.«

»Also ein kleiner Mann? Oder vielleicht eine Frau?«

»Schlecht zu sagen, aber die Person hatte einen leicht gebückten Gang und ...«
»Ja?«
»Na ja, so mit eingezogenem Kopf ...«
DeCraven pfiff durch die Zähne.
»Ein Bursche mit gewaltigen Ohren?«
»Kann schon sein. Dann hat George mich gerufen ...«
»Sie haben nicht gesehen, wie ...?«
»Nein, Sir.« Sie brach erneut in Schluchzen aus.
»Ich hab nur noch gedacht, hoffentlich scheut das Pferd nicht.«
»Pferd? Himmelherrgott, welches Pferd?«
Sie zuckte zusammen.
»Na ja, das, auf dem die Polospielerin saß ...«
»Polo? Und eine Frau? Morgens um halb sechs?«
»Ja, Sir, jetzt wo Sie das sagen. Das war schon merkwürdig.«
DeCraven schüttelte ärgerlich den Kopf.
»Haben Sie die Person auf dem Pferd erkannt?«
»O nein, Sir, sie trug einen weiten weißen Umhang mit einer Kapuze über dem Kopf und dann eben den Poloschläger, dieses Ding, mit dem man ...«
»Das ist alles. Sie können gehen.«
»Ja, Sir.«
Miss Allen schnäuzte in ihr Taschentuch und verließ den Raum.
Oggerty konnte am Hals des Chefinspektors die Schluckbewegungen erkennen, mit denen er die Minzpastille in den Magen beförderte. Dann begann er sich auch schon zu kratzen. Kein Zweifel, der Chefinspektor war ein gutes Stück weitergekommen.
Oggerty nahm allen Mut zusammen: »Aber sie meint doch nicht diesen ... diesen ...?«

DeCraven nickte mit ausdruckslosen Augen.

»Und diese Reiterin könnte …?«

»Ich habe es gewusst, Oggerty. Ich habe es gewusst.«

Oggerty besann sich auf die Ergebnisse seiner Ermittlung. Er zog die vergilbten Zeitungen aus der Tasche.

»Sir, ich habe da …«

»Ja, ich weiß«, sagte der Chefinspektor.

»Sir, aber ich …«

»Sie nehmen jetzt den Wagen und schaffen mir Miss Sophie und ihren sauberen Butler her. Ich habe inzwischen noch etwas zu erledigen. Sie warten hier mit den beiden, bis ich zurück bin.«

»Eine Gegenüberstellung?«

Der Chefinspektor starrte gedankenverloren auf ein Regal mit Pokalen.

»Nein, so würde ich es nicht nennen. Eher eine Siegerehrung.«

* * *

Miss Sophie fuhr mit den Fingerkuppen ihrer rechten Hand über den geblümten Stoff des Clubsessels. Vorsichtig, als wäre er ein gefährliches Tier, das gleich zu erwachen drohte.

»Sehr originell«, sagte sie und gab dem Sessel einen Klaps.

James näherte sich dem kleinen Tresen des Clubs. Seine Augen waren auf die Flaschen geheftet, die nebeneinander gereiht auf dem Glasbuffet standen. Seine Zunge fuhr über die Unterlippe.

»Der Chefinspektor wird sicherlich gleich kommen«, sagte Oggerty. Er hatte die Wartenden schon dreimal vertröstet. Kein Wunder, dass sich auf Miss Sophies Stirn die Zornesfalten immer tiefer eingruben. Vielleicht war es ja auch eine

81

Strategie des Chefinspektors? Weichkochen nannte man das wohl.

Plötzlich schwang die Tür auf, und DeCraven betrat mit tänzelnden Schritten den Paradise-Polo-Club. Vergnügt rieb er sich die Hände.

»Miss Sophie, ganz herzlichen Dank, dass Sie meiner Einladung gefolgt sind.«

Miss Sophie spitzte den Mund und setzte sich auf den Clubsessel.

»Wie könnte ich eine solch liebenswerte Bitte ausschlagen, mein lieber Inspektor? Aber verzeihen Sie mir, ich habe nicht den Schimmer einer Ahnung, wohin das führen soll.«

Der Chefinspektor rieb sich weiter vergnügt die Hände.

»Während Sie auf dem Weg hierher waren, habe ich mich in Rosen-Manor noch einmal umgesehen …«

Miss Sophie sprang von ihrem Sessel und rang nach Luft.

»Sie haben zum zweiten Mal die Unverfrorenheit besessen, in meiner Abwesenheit …«

In James' Gesicht konnte Oggerty keinerlei Anzeichen von Überraschung entdecken. Vielleicht brauchte der Butler auch nur ein paar Sekunden länger, um zu reagieren. Oggerty hatte einen langen Artikel gelesen, der vom Einfluss des Alkohols auf die Funktion und insbesondere die Schnelligkeit der Nervenbahnen handelte.

Die Stimme des Chefinspektors war schneidend.

»Nun, Miss Sophie, es handelt sich schließlich um Mord.«

»… mit dem ich nicht das Geringste zu tun habe. Ich sage ja immer, eine Familie kann eine Heimsuchung sein.«

»Wir werden sehen«, sagte der Chefinspektor und verließ den Raum. Als er zurückkehrte, balancierte er einen großen Karton vor der Brust.

Umständlich förderte er einen schlammbespritzten Umhang hervor.

Oggerty hätte darauf wetten können, dass der Butler gerade für einen kurzen Moment die Augen zusammengekniffen hatte.

»Da haben wir das Kleid einer mysteriösen Reiterin, und hier ...«

Der Chefinspektor zog einen ausgewaschenen und zerknitterten Overall aus dem Karton.

James räusperte sich vernehmlich, musterte dann aber leise vor sich hin pfeifend die Decke.

»Seltsame Fundstücke aus Ihrem Haus, Miss Sophie.«

Miss Sophie warf James einen giftigen Blick zu. Der faltete die Hände vor dem Bauch und summte ein Lied.

Der Chefinspektor ließ die Kleidungsstücke zurück in den Karton fallen.

»Reden wir Tacheles: Einer von Ihnen lockte Admiral von Schneider hierher auf den Poloplatz. Wahrscheinlich wähnte sich dieser deutsche Militär am Ziel seiner Träume: Er wollte die neue Kanonen-Zielautomatik höchstpersönlich in Augenschein nehmen oder sogar stehlen. Aber was passierte dann? Wer tötete den Admiral?«

Der Chefinspektor drehte sich triumphierend um.

»Nun, zunächst hatte ich James im Verdacht, aber wo war sein Motiv?«

»Lächerlich«, sagte Miss Sophie. »Seit wann brauchen Trunkenbolde ein Motiv? Das haben sie beim nächsten Schluck sowieso schon wieder vergessen.«

James musterte weiter stoisch die Decke.

»Nun, ich vermute, James half dem Admiral, weil er sich davon einen persönlichen Vorteil erhoffte. Das kann Geld gewesen sein oder einfach eine Aufwertung seiner Person. Ja, es scheint so, als pflege er gewisse antiroyalistische Tendenzen. Als er dann erfuhr, dass der Admiral mit den Ergebnissen seiner Spionage und mit Hilfe eines Freikorps den ehemaligen deutschen Kaiser wieder auf den Thron heben wollte, könnte er mehr als verärgert reagiert haben. Außerdem wissen wir um die Eifersucht des Butlers ...«

James zuckte zusammen.

»Doch reicht das wirklich als Motiv?«

Die Gesichtszüge des Butlers entspannten sich. Oggerty konnte wieder deutlich dieses leise Summen hören, das der Mann von sich gab. Nur war der Klang jetzt etwas zackiger und ähnelte einem Marsch.

»Nun, es gibt Zeugen, die diese Kleidungsstücke identifizieren werden«, sagte der Chefinspektor.

Miss Sophie gab dem Sessel einen weiteren Klaps.

»Chefinspektor, Sie sehen mich über die Maßen bestürzt. Was soll das beweisen?«

»Unglücklicherweise gibt es keinen Augenzeugen, der gesehen hat, wie Admiral von Schneider in die ewigen Jagdgründe befördert wurde. Und auch die Gerichtsmediziner sind sich nicht einig.«

»Was wollen Sie dann von uns?«

»Ich frage mich, warum der Admiral so *plötzlich* auf die ewigen Schlachtfelder befördert wurde.«

»Und?«

Miss Sophies Stimme war schnippisch.

»Sowohl Sie, Miss Sophie, als auch Ihr Butler waren auf dem Poloplatz. Sie haben sich ein Pferd ... nun, sagen wir entliehen.«

DeCraven zog die alte Ausgabe der *Times* aus Oggertys Jackett-Tasche und wedelte damit in der Luft. Auf dem Zeitungsbild posierte Miss Sophie auf einem Pferd. Sie trug ein sportliches Dress. In der Linken hielt sie einen Pokal und in der Rechten einen Poloschläger.

»Sie waren eine begnadete Spielerin, deren Treffsicherheit mit dem Bambusball geradezu frenetisch umjubelt wurde. ›Chirurgisch‹ wurde Ihre Schlägerführung genannt. Eine der ersten Frauen in diesem Sport. Ich bin durch den zur Blumenvase umfunktionierten Pokal auf ihrem Tisch darauf gekommen.«

»Ungemein scharfsinnig, Chefinspektor.«

DeCraven warf die Zeitung elegant auf den Tisch.

»Sowohl an dem Panzer als auch an einem Poloschläger – beide Tatwerkzeuge sind inzwischen sichergestellt – haben wir Blutspuren festgestellt. Und aus dem Gesicht von Admiral von Schneider habe ich einen Bambussplitter gezogen. Nun, sicher wird sich auch der ein oder andere Fingerabdruck finden lassen.«

Von dem Poloschläger und einem aufgefundenen Panzer hörte Oggerty zum ersten Mal. Und dann die Blutspuren. Wurde er jetzt Zeuge einer von DeCravens legendären Finten?

»Ihnen dürfte nicht entgangen sein, dass ich Handschuhe zu tragen pflege«, antwortete Miss Sophie. Der Chefinspektor setzte sofort nach.

»Ein Schuldeingeständnis, Miss Sophie?«

»Keineswegs, es bedeutet nur, dass alles, was Sie dort an Fingerabdrücken finden, nicht von mir sein kann. Mein lieber Inspektor DeCraven, so war doch der Name, nicht?«

»Chefinspektor.«

»Also, lieber Chefinspektor, ich wollte Ihnen nur etwas Arbeit ersparen.«

»Kommen wir zum Motiv«, sagt DeCraven.

Aus dem Karton zog er einige Schriftstücke.

»Daraus geht eindeutig hervor: Admiral von Schneider wollte Sie, Miss Sophie, erpressen, um so über Ihre Kontakte ein höchst diffiziles militärisches Geheimnis auszuspionieren.«

Miss Sophie zog die Schnüre ihres Stoffbeutels zusammen. Oggerty kam es vor, als würde sie mit dieser Geste eine Katze erwürgen.

»Von solch einem polierten Kretin würde ich mich ...«

DeCraven ließ nicht locker.

»Hier steht etwas von einer Ihrer Ahninnen, Miss Sophie, die nur deshalb in den Adelsstand erhoben wurde, weil sie als verdiente Mätresse am Hofe über einige Beziehungen verfügte. Nennen wir das Kind beim Namen: Den Adelstitel erhielt sie als Belohnung für ihre freizügigen Dienste. Und dann ist da von ihrem Kind die Rede, das ... wie heißt es hier ... in einem zweifelhaften Bezirk Londons an einer Häuserwand gezeugt wurde ... Dann haben wir noch den Bericht aus einer ›Anstalt für geistig Verwirrte‹.«

Oggerty sah das entsetzte Gesicht von Miss Sophie. Auch auf James' Stirn schwollen die Adern. Doch sicher nicht vor Zorn. Oggerty kam es so vor, als kneife der Butler mit aller Gewalt seinen Mund zusammen, um ein brüllendes Lachen zu unterdrücken. Seine Augäpfel rollten, ja, es traten ihm sogar Tränen in die Augen.

»Ein starkes Motiv, Miss Sophie«, sagte DeCraven. »Ich schätze, Sie haben sich den Umhang als Verkleidung umgeworfen. Nur ahnten Sie nicht, dass auch James zur Tat schritt, der sich aus einer nahe gelegenen Kaserne einen Panzer gestohlen hatte. Ich weiß zwar nicht, wie Sie, Mr. McMullen, das angestellt haben, aber ...«

Miss Sophie blickte zu James hinüber. Irgendetwas hatte sich verändert. Oggerty meinte, in ihrem Gesichtsausdruck eine gewisse Zärtlichkeit zu entdecken. Ja, es sah so aus, als hätte sie ihm sogar eine Kusshand zugeworfen. Der Butler würgte sein Lachen hinunter, und im nächsten Augenblick ging etwas Schmachtendes von seinem Gesicht aus.

»James«, hauchte Miss Sophie. Der Butler räusperte sich und blickte dann den Chefinspektor an.

»Unmöglich, Sir. Miss Sophie und ich haben an diesem Morgen im Schilf des Lake Gilbert Vögel beobachtet.«

»Heilige Trompeten von Jericho, Sie haben was?«

»Wildenten, Sir. Miss Sophie betreibt vogelkundliche Studien und hat es dabei zu einem nicht unbedeutenden Wissen gebracht.«

Miss Sophie ergänzte: »Ornithologie lautet der wissenschaftliche Ausdruck, Inspektor.«

»Das weiß ich«, schrie DeCraven und sprang auf James zu. Er zog ihn an seinem Jackettkragen zu sich heran.

»Sie wollen Miss Sophie doch nicht etwa ein Alibi verschaffen? Sie hätte Sie ohne zu zögern ans Messer geliefert, wenn … Soll das ein Dankeschön für dieses Alibi im Fall Sir Toby sein?«

DeCraven ließ das Jackett abrupt los, und James stolperte rückwärts.

»Würden Sie das beeiden?«

»Sofort, Sir. Die Wildenten …«

»James, hören Sie mit dieser Entengeschichte auf!«

Das leuchtete auch Oggerty sofort ein. Wenn sich die beiden wieder gegenseitig ein Alibi gaben, dann war kaum etwas zu beweisen. Schließlich gab es weder Augenzeugen noch handfeste Indizien.

DeCraven ließ sich auf die lederne Chaiselongue fallen. Düster stierte er James an.

Im Vorraum zum Clubzimmer war Gepolter zu hören. Ein hochgewachsener Mann betrat den Raum. Seine Uniform wies ihn als Kurier der Krone aus. Der Mann kam direkt aus dem Buckingham-Palast.

»Chefinspektor DeCraven? Kann ich Sie einen Augenblick sprechen?«

Der Kurier bat DeCraven in eine Ecke des Raumes. Die beiden flüsterten miteinander, und Oggerty konnte am Gesicht seines Chefs deutlich ablesen, dass ihm absolut nicht gefiel, was er da hörte. DeCraven stampfte mit den Füßen auf und schüttelte verzweifelt den Kopf.

Der Mann übergab dem Chefinspektor einen bläulichen gesiegelten Umschlag, grüßte knapp und verließ den Raum.

»Können wir jetzt gehen?«, fragte Miss Sophie spitz.

»Einen Moment noch.«

DeCraven öffnete den Umschlag.

»Der Gentleman, den in Augenschein zu nehmen Sie eben die Freude hatten, überbrachte mir eine Botschaft Seiner Majestät ...«

DeCravens Lippen waren dünne Striche, seine Stimme klang gepresst.

»Also, Admiral von Schneider wurde als gefährlicher Hochverräter eingestuft. Der Buckingham-Palast hat nun beschlossen, dass derjenige, der ihn zur Strecke gebracht hat, einen Orden bekommen soll und – wenn noch nicht geschehen – in den Adelsstand zu erheben ist. Außerdem kommt eine nicht unbeträchtliche Summe zur Auszahlung. ›Wegen geheim zu haltender und damit in der Öffentlichkeit nicht näher zu bezeichnender Verdienste um das Königreich‹, steht hier. Ich weiß zwar nicht, warum Mörder neuerdings mit Lametta behängt werden ...«

James hielt es nicht mehr am Tresen. Sein stierer Blick verriet, dass er immer noch nicht fassen konnte, was er da eben gehört hatte. Adelsstand! Wenn er ein Lord Dingsda wäre, dann stünde einer Heirat mit Sophie nichts mehr im Wege. Froh müsste sie sein, einen solchen Mann abzubekommen. Er sprang auf DeCraven zu und streckte ihm seine Hände entgegen.

»Adelssta... sta... Mit diesen Händen, Sir, mit diesen Händen habe ich den Panzer gesteuert und ihn erwischt. Das müssen Sie mir glauben! Ich habe ihn umkreist, wie ein Tiger seine Beute umkreist, und dann, zack, hab ich ihn erwischt.«

»Nicht ganz«, sagte Miss Sophie. »Zuvor hat ihn mein Poloball niedergestreckt. Sie selbst haben den Splitter doch aus der Wange gezogen. An der Stelle habe ich ihn erwischt, und schon war er verblichen.« Miss Sophie klatschte in die Hände. Patsch.

»Nein, sicher nicht«, heulte James auf und schüttelte seine auseinander fliegenden Haare. Seine Wangen schlackerten hin und her wie zwei leere Postsäcke.

Miss Sophie hielt dagegen: »Der Schlag war tödlich.«

Auch DeCraven schüttelte jetzt sanft den Kopf.

»Da die Täterschaft nicht geklärt ist und Sie eben noch Ihre Unschuld beteuerten, wäre es unverantwortlich, Ihre Namen an den Hof weiterzuleiten. Dort wird nur ein Held benötigt. Miss Sophie, dieser Glorienschein wird Ihnen versagt bleiben. Über Ihre ...« Der Chefinspektor räusperte sich. »Über Ihre mehr als zweifelhaften Verdienste um Krone und Vaterland wird zu meinem tiefsten Bedauern der Schleier des Vergessens fallen.«

Miss Sophie stopfte die Unterlagen, die DeCraven auf den Tisch geworfen hatte, in ihren Beutel. Mit einem Ruck riss sie die Bänder zu. Oggerty schluckte.

»Das sind schließlich Familienangelegenheiten.«

Hocherhobenen Hauptes verließ Miss Sophie den Clubraum. Oggerty kam es so vor, als wäre der ihr folgende James in nur wenigen Sekunden um Jahrzehnte gealtert. Das Gesicht grau, die Hände zittrig, schlurfte er mit hängenden Schultern hinter Miss Sophie her.

Oggerty hielt es nicht länger auf seinem Stuhl.

»Aber wir können doch nicht ... sie sind geständig!«

»Wenn wir sie als Mörder festnehmen, sind sie Volkshelden, Oggerty. Verdient um Krone und Vaterland.«

»Aber, Sir, wir können sie doch nicht so einfach davonkommen lassen. Sie haben beide diesen Admiral auf dem Poloplatz umbringen wollen. Und einem der beiden ist es gelungen. Vielleicht ist es sogar gemeinschaftlicher Mord. Wir können doch nicht ...«

DeCraven schlug die Fäuste auf den Tisch. Seine Kieferknochen richteten mahlend eine Pfefferminzpastille hin.

»Wir werden dieses Pärchen dingfest machen. Irgendwann machen sie einen Fehler. Irgendwann. Und dann, Oggerty, dann werden wir zur Stelle sein.«

* * *

Am Rande des Poloplatzes wandte sich Miss Sophie an James.

»Nun, es gibt Dinge ...«

James blickte ihr tief in die Augen. Sein ganzer Körper spannte sich, wurde zu einer einzigen Erwartung. War jetzt der Augenblick gekommen? Würde sie ihn jetzt erhören, jetzt, wo die Standesunterschiede um ein Haar ...?

»Sicher, Miss Sophie?«

»Ich denke, wir sollten nicht vergessen, dass auch der liebe Gero ein Mitglied der Familie war.«

»Ja, Miss Sophie.«

»Wir werden ihm ein ehrendes Andenken bewahren. Einen Stuhl am Tisch unseres Herzens freihalten. Ich denke, dass

sind wir ihm nach dieser Verkettung unglücklicher Umstände
schuldig.«
»Ja, Miss Sophie.«
»Ach, James.«
»Ja, Miss Sophie?«
»Und besorgen Sie mir doch bitte aus der Buchhandlung
Castlespoons etwas über Ornithologie.«
»Selbstverständlich, Miss Sophie.«

Mr. Pommeroy

Zärtlich strich Archibald Pommeroy über die Härchen auf James' Fingerrücken. Der Butler räusperte sich und zog die Hand zurück. Mr. Pommeroy warf ihm einen koketten Blick zu. Nun gut, der Mann pflegte seltsame Marotten, doch andererseits hatte James ihm einiges zu verdanken.

»Heilige Heerscharen des Himmels, ich bin ganz außer Atem«, hörte er Miss Sophies Stimme aus der Bibliothek. Eigentlich fand James die Erscheinung von Mr. Pommeroy geradezu grotesk. Die eng anliegenden Sporthosen erinnerten ihn an ein Insekt. Eine Mischung aus Fliege und Hummel vielleicht. Mr. Pommeroy drehte sich in einer Pirouette einmal um die eigene Achse.

»Nun? Ganz ordentlich in Schuss, was?«

James nickte und fuhr sich über den Bauch.

»Na, mein lieber James, Kopf hoch. Das wird schon. Haben wir erst ein paar Wochen trainiert, dann werden Sie zehn, ach, was sage ich, fünfzehn Jahre jünger aussehen!«

James lächelte verlegen.

»Pommeroy, müssen Sie mich hier so schrecklich allein lassen?« Miss Sophies Stimme klang vorwurfsvoll.

James fuhr fort, mit dem Staubwedel das Bücherregal neben der Vitrine zu bearbeiten. Es war ungerecht: Die hatten ihren Spaß, und er durfte später wieder alles aufräumen. Nach den Sportstunden mit dem neuen Trainer für körperliche Ertüchtigung sah es in der Bibliothek immer aus wie in einer Turnhalle, die von einer Kompanie zu allem entschlossener Kinder

93

heimgesucht worden war. Das Grässlichste aber war die schwere Rosshaarmatte, die er in die Abstellräume wuchten musste. Warum turnten sie nicht auf dem Teppich, wie andere Leute auch?

»Pommeroy, mein Lieber, wollen Sie mir untreu werden?«

Mr. Pommeroy reichte James sein Handtuch und flüsterte: »Ganz feucht von meinem Schweiß.« Mit einem Augenklimpern verabschiedete er sich in die Bibliothek.

James war der Zutritt während der Leibesertüchtigung strengstens verboten. Miss Sophie befürchtete, dass die »angemessene Distanz«, die zwischen ihnen herrschte, zunichte gemacht werden könnte, wenn er sie in ihren Sporthosen sah. Miss Sophie und ihr Standesdünkel. Das verklemmte 19. Jahrhundert war doch endgültig vorbei! Aber das würde ihr wohl frühestens an ihrem 90. Geburtstag dämmern. Wenn überhaupt.

Sie hatte ein Auge auf diesen Pommeroy geworfen. Hundert Meilen gegen den Wind konnte er das riechen. Doch Archibald Pommeroy beachtete Miss Sophie lediglich als Herausforderung für seine Trainerqualitäten. Auch das hatte er bemerkt. Oh ja, er, James, kannte sich aus mit den Untiefen der menschlichen Seelen.

Aus dem Nebenraum vernahm er das Knacken von Gelenken. »Schön in die Knie und federn, federn ... ja, so ist es gut ...« Pommeroy war in seinem Element. »Und die Taille schön drehen ... drehen ... drehen ...«

Merkwürdig dieser Pommeroy. Arbeitete als Trainer für Leibesübungen »unter besonderer Berücksichtigung der chinesischen Bewegungslehre«, wie er sagte, und war doch eigentlich ein Spross aus überaus begüterten Verhältnissen. Die väterlichen Fabriken zur Herstellung von Konservendosen verteilten sich über das gesamte Königreich. Pommeroy senior galt als echter Industriemagnat. Als Konserven-König. Für James war es unerfindlich, warum sich sein Sohn damit abmühte, steifen Damen und früh vergreisten Männern geschmeidige Gelenke und einen federnden Gang anzutrainieren. Immerhin war Pommeroy anders als alle anderen seines Schlages. Wie spleenig er auch immer sein mochte, der Mann kannte keine Standesunterschiede. Sofort hatte er auch ihm Stunden angeboten. Selbstverständlich hinter Miss Sophies Rücken. James' Haltung, seinen, wie er sagte, »durch die Schwerkraft etwas außer Fasson geratenen Bauch«, ja selbst die Durchblutung von James' Gesichtshaut wollte Mr. Pommeroy mit seiner chinesischen Bewegungstherapie wieder »harmonisch ausbalancieren«. So hatte er das jedenfalls genannt.

Die Methoden allerdings waren gewöhnungsbedürftig. Schön, Korbballspielen am Strand war sicher sehr gesund, so an der frischen Seeluft, aber warum bestand Archibald Pommeroy darauf, dass sie nackt spielten? »Gut für die Ausstrahlung«, hatte er gesagt. Oder diese Übung mit dem Namen »Den Zipfel schwingen lassen«! Die Körperhaltung sah doch aus, als wäre einem das Toilettenbecken weggezogen worden.

Trotz James' anfänglicher Weigerung hatte Pommeroy auf dieser Übung aus dem Trainingsbuch »Samurai-sitzt-am-Meer« bestanden. Das fördere das »Charisma«, hatte er gesagt und beschwörend hinzugefügt: »Strahlende Augen, dichte Haare, ein gerader Rücken – James, so sieht ein Sieger aus.«

Wie auch immer, es begann zu wirken. Langsam. Manchmal kam es James tatsächlich so vor, als forme sich da in seinem Inneren eine ganz neue Spannkraft.

Er spürte Muskeln, von denen er nie geglaubt hatte, dass sie überhaupt existierten. Und diese Massagen sorgten tatsächlich für Festigkeit in seinem Bauch. Ja, ganz ohne Zweifel, Mr. Pommeroy befehligte eine Mannschaft begnadeter Finger. Wenn nur die Übungen nicht immer in solch eine Schinderei ausarten würden.

James zog die Decke vom Tisch und wedelte damit Mary Anne zu. Die angebliche Ururur-Großmutter Miss Sophies hing in der Ahnengalerie gleich neben Clifford Peabody, einem Haudegen, der vor zweihundert Jahren in den umliegenden Wäldern den Wildschweinen nachgestellt hatte. Das Aussterben dieser Wildart in der Umgebung ging angeblich auf seine Erfolge zurück.

James überzeugte das nicht. Wahrscheinlich war weder die Geschichte mit den Wildschweinen noch der Urahn echt. Miss Sophie hatte den Schinken sicher auf einem dieser Londoner Trödelmärkte erstanden. Ein ganzes Pfund würde er darauf verwetten. Urahnen! Das waren doch nur die Ergebnisse ihres Wunschdenkens, nichts weiter als herbeigehoffte Illusionen ihres ehrgeizigen Standesdünkels. Er erinnerte sich noch genau, wie sie gegenüber einem Gast eine entfernte Verwandtschaft zu König Georg angedeutet hatte.

Lächerlich. Sollte sie sich ein Vorbild an Mr. Pommeroy nehmen. Der hatte ihm sogar das »Du« angeboten! »Wo wir beide doch schon so viel miteinander geschwitzt haben, warum nennst du mich nicht einfach Archibald?« Das hatte er gesagt. Wortwörtlich. *Davon* hätte Miss Sophie sich eine Scheibe abschneiden sollen.

Andererseits bezirzte sie Archibald. Typisch! Sie roch das Geld. Dabei hatte sie erst gestern von der »Pommeroy'schen Dosen-Dynastie« gesprochen. Der Spott in ihrer Stimme war ihm nicht entgangen. Sie spekulierte sicher darauf, dass Archibald Pommeroy einmal alles erben würde, was sein Vater so zusammengerafft hatte. Der Alte war bejahrt und doch ein zäher Knochen. Alles hatte er überlebt: Curare-Pfeile am Amazonas, Schlangenbisse in Indien, den Absturz mit einem Heißluftballon über Armenien und, nicht zu vergessen, ein paar Gewehrkugeln, die er sich beim chinesischen Boxeraufstand eingefangen hatte.

Wahrscheinlich war er ebenso sportlich veranlagt wie sein Sohn. Und auch er, James, würde bald schlank und rank sein. Im Glanze des Körperöls, das Archibald bei seinen Massagen benutzte, würde er leuchten. Die Kraft seiner Ausstrahlung würde endlich auch ihr Herz erobern. Und den Schleier fortreißen, hinter dem sie ihre Gefühle ihm gegenüber verbarg.

Bis sie das merkte, sollte sie doch mit Pommeroy herumturteln. Sicher hatte der instinktiv gespürt, dass er, James, und Miss Sophie zusammengehörten. Kein Zweifel, Pommeroy war ein kluger Kopf.

Heute Abend hatte er Wandern am Strand verordnet. Hoffentlich würde es nicht so kalt. Schließlich bestand Pommeroy wieder darauf, dass sie gänzlich ohne Kleidung und »nur vom Mondlicht« beschienen über den Sand trabten. An einer abgelegenen Stelle selbstverständlich. Ja, Pommeroy war der felsenfesten Überzeugung, dass die Freikörperkultur auch die

Potenz stärke. Nur keine Sorge, bei Miss Sophie würde er schon seinen Mann stehen. Hauptsache, seine elendigen Rückenschmerzen würden verschwinden. Und dann diese Anfälle von Rheuma!

James schlurfte in sein Zimmer. Der wackelige Stuhl war gegen das Bett gelehnt, auf der Anrichte stand eine Schüssel mit Wasser. Eigentlich müsste er sich rasieren. Das konnte warten. Er schüttelte die Zahnbürste aus dem Becher. Mit einem Gefühl des Ekels griff er zu der Flasche mit Holunderbeersaft und weiteren Extrakten. Die Beschreibung der Zutaten las sich wie das Kochbuch einer Gifthexe. Doch Pommeroy hatte es verordnet.

Er füllte den Zahnputzbecher und betrachtete nachdenklich die dunkelrote Flüssigkeit. Sollte die Muskelstränge elastisch machen. So hatte er es genannt. James kramte in seiner Schublade und förderte einen silbernen Flachmann zu Tage. Er goss einen kräftigen Schluck Whisky in den Saft. Das half gegen das Sodbrennen, das er immer bekam, wenn er dieses Elixier pur zu sich nahm. Sein Körper war die vielen gesunden Zutaten eben nicht gewöhnt. Damit mussten auch die unsäglichen Blähungen zusammenhängen, unter denen er seit ein paar Wochen litt. Manchmal kam er sich vor wie ein Heißluftballon. Oder war es all das Grünzeug, das er – Pommeroys Anweisung folgend – zu sich nahm? Ja, er musste sich an sein neues, sein aktives Leben erst langsam herantasten. Ausprobieren, wohin mit all den neu gewonnenen Kräften. Im Moment stauten sie sich noch in seinem Gedärm.

Mr. Pommeroy hatte ihn zu Ballettübungen genötigt. »An der Stange«. Das war mehr als peinlich. Besonders diese zu engen Strumpfhosen, in die er sich hineingequält hatte. Aber Pommeroy war unnachgiebig. Es trage zur Steigerung seiner körperlichen Muskelharmonie bei.

James ließ sich auf sein Bett fallen. Unter ihm raschelte ein Stück Papier.

»Nicht vergessen, vor dem Bettchen-Gehen zwanzig Kniebeugen« stand da, und darauf lag eine nun platt gedrückte Rose.

Pommeroy musste beides in sein Zimmer geschmuggelt haben. Mit Sicherheit ein seltsamer Bursche, aber James hatte doch Vertrauen zu ihm gefasst. Sicher würde er ihm auch ein paar wertvolle Tipps für den Umgang mit Frauen geben können. Vielleicht hatte er ja ein echtes Wundermittel auf Lager, das Sophie-Täubchen von ihren Irrungen und Verwirrungen befreite?

Heute Abend am Strand wollte er ihn fragen.

* * *

Der Bademeister, der die sterblichen Überreste gefunden hatte, wurde im Krankenhaus von Blackpool behandelt. »Akuter Schock«, diagnostizierten die Ärzte.

DeCraven hatte schon eine Menge gesehen in seiner Laufbahn bei Scotland Yard, aber an einen derart zugerichteten Leichnam konnte er sich nicht erinnern.

Wahrscheinlich war der Tote von Haien zerfleischt worden. Darauf deuteten die Bissspuren, die er am Oberschenkel aufwies und die die Hauptschlagader zerrissen hatten. Doch seit wann gab es Menschen fressende Haie vor der englischen Küste? Hatte man den Mann womöglich in ein Aquarium gestoßen und dann erst hierher an den Strand geschafft? Auch am Hinterkopf wies die Leiche eine Verletzung auf. Sie musste von einem stumpfen Gegenstand herrühren, der mit großer Wucht auf den Schädel geschlagen worden war. Dann gab es Würgemale am Hals, und der Gerichtsmediziner war sich nach einer ersten Untersuchung nicht sicher, ob der Mann nicht vielleicht auch ertrunken war.

Kleine Wellen liefen auf den Leichnam zu und umspülten ihn. Der Tote trug ein seltsam groteskes Badedress. Hemd und kurze Hose. Rot-weiß gestreift. Die Haare pomadig glänzend auf den Kopf geklatscht. Ein paar Muscheln und ein kleiner Seestern hatten sich darin verfangen. Aus seinem bläulich schimmernden Ohr ringelte sich ein Tauwurm. DeCraven hob ein Kleidungsstück des Toten in die Höhe.

Einer größeren Welle konnte der Chefinspektor nicht rechtzeitig ausweichen. Er trat ein paar Schritte zurück und hörte resigniert das schmatzende Geräusch, dass seine nassen Socken verursachten.

Auch hinter ihm war plötzlich ein Patschen zu vernehmen. Oggerty stapfte mit weißen Gummistiefeln auf ihn zu.

»Sir, tut mir Leid, aber meine Frau …«

»Schon gut. Nun ruinieren Sie nicht auch noch die letzten Spuren.«

»Ja, Sir.«

Oggerty blieb abrupt stehen, als wäre er von gefährlichem Treibsand umgeben.

Ziemlich gleichmütig, wie DeCraven fand, musterte er die Leiche. Hatte der Mann überhaupt keine Nerven? DeCraven fragte sich, wo sein Assistent in dieser Geschwindigkeit und in aller Herrgottsfrühe die weißen Gummistiefel herbekommen hatte.

»Nun, Oggerty, was sagt Ihnen die Leiche?«

»Nun ja, Sir, also …«

»Was halten Sie von der Pomade im Haar?«

»Ein Künstler?«

»Ziemlich unwahrscheinlich.«

»Vielleicht ein Eintänzer aus dem Ballroom-Tower?«

Oggerty blickte zum Turm, der über dem Strand in den Himmel von Blackpool ragte. Im dort untergebrachten Tanzcafé wurde in der Saison bereits am Vormittag das Tanzbein geschwungen. Der Chefinspektor war nicht einverstanden.

»In dieser Kleidung?«

»Vielleicht hat er ein paar Turnübungen am Strand gemacht. Soll ja sehr gesund sein, Sir. Meine Frau meint ...«

»Schon gut, Oggerty. Haben Sie seine Finger gesehen?«

Oggerty trat auf den Leichnam zu und hob eine Hand leicht in die Höhe. Wasser perlte herunter. Die andere Hand war unter dem Körper des Toten verborgen.

»Sehr gepflegt.«

Oggerty nickte.

»Keine körperliche Arbeit, regelmäßige Nagelpflege. Keine Schwielen an den Händen, und was haben wir hier? Eine kleine Tätowierung! Ein Herz und ein ›J‹ darin. Ganz frisch.«

DeCraven drückte die Augenlider des Toten zu und besah sich seine Fingerkuppen.

»Interessant. Gefärbte Augenlider und Brauen. Dieser Mann dürfte etwas ausgefallenere sexuelle Neigungen gehabt haben als die Mehrheit hier auf der Insel.«

»Sie meinen ...?«

Oggerty zog an der Ecke eines Papierstücks, das aus der Badehose gerutscht war.

»Sehen Sie, Sir. Das ist, warten Sie, ein Mitgliedsausweis auf den Namen Archibald Pommeroy. Von der Amigo-Butterfly-Bar.«

»Passt wie die Faust aufs Auge!«

»Sir, der Mann ist ... also, der Mann ist ...«

»Himmelherrgott, Oggerty, nun stellen Sie sich nicht so an!«

Oggerty schoss die Schamröte ins Gesicht.

»Also, Sir ...«
»Geschminkt. Und? Na ja, der Mann hatte das gern, stand eben auf Männer. Was ist heutzutage schon dabei?«
Oggerty schien nicht richtig zu begreifen.
»Sie glauben, der Tote wurde vergewaltigt?«
»Da gehen Sie zu weit, dafür gibt es keine Hinweise. Packen Sie doch mal mit an.« DeCraven machte Anstalten, den Toten auf die Seite zu rollen. Der immer noch völlig sprachlose Oggerty zog am Oberarm. Zum Vorschein kam die zusammengekrallte linke Hand.
Hinter DeCravens Stirn arbeitete es.
»Pommeroy, Pommeroy. Kommt mir irgendwie bekannt vor. Kümmern Sie sich mal um die Hand.«
Oggerty versuchte, die Finger des Toten auseinander zu biegen. Doch die Leichenstarre hatte bereits voll eingesetzt.
»Nehmen Sie eine Brechstange«, knurrte DeCraven.
Mit aller Kraft bog James die Finger auseinander.
»Sehen Sie, Sir! Ein verknittertes Foto.

DeCraven kratzte sich am Hals.

»Wen haben wir denn da?«

»Sir, das …«

»Moment, Oggerty …«

»Sir, also, Sir …«

»Kommt mir auch irgendwie …«

Deutlich konnte Oggerty die pulsierende, angeschwollene Stirnader des Chefinspektors erkennen.

»Das …«

»Der Butler, Sir, das ist wieder dieser …«

DeCraven ließ das Foto sinken. Seine Stimme war knochentrocken, das Gesicht aschfahl: »James, James McMullen.«

* * *

James fuhr prüfend über seinen Körper. Sicher, bis zu einem Waschbrettbauch war es noch ein weiter Weg, trotzdem, er kam voran. Auch wenn dieser Archibald Pommeroy ein dubioser Mensch mit zweifelhafter Moral gewesen war, mit seinen Ertüchtigungstipps lag er goldrichtig.

James wickelte das Handtuch um seinen Hals und griff zum Whiskyglas. Genüsslich genehmigte er sich einen Schluck und ging in die Hocke. Nur jetzt nicht nachlässig werden.

Pommeroy! Wie hatte er sich nur so in diesem Mann irren können? Gab es denn keine echte Freundschaft unter Männern mehr? Was waren da für Dinge in diesen modernen Zeiten in Bewegung geraten, die doch seit Jahrhunderten eine feste Burg in jeder Gesellschaft darstellten? Männer und Frauen gab es, und sie hatten ihre Rolle im geschlechtlichen Miteinander zu spielen. Punktum. Alles schien aus den Fugen zu geraten. Fehlte noch, dass Miss Sophie da unten womöglich … aber nein, er, James, spürte doch ihre durch und durch weibliche Ausstrahlung. Sie war ein Rasseweib. Zickig und hochnäsig, aber ein Rasseweib.

Andererseits hatte er gerade erst letzte Woche in einem dieser Magazine gelesen, dass es Männer gab, die in ihrem Äußeren von Frauen nur schwer zu unterscheiden waren. Unglaublich. Und dann Archibalds Angebot, ihn als Erben einzusetzen! James stärkte sich mit einem kräftigen Schluck Whisky und rülpste herzhaft. Ja, diszipliniert bei der Stange bleiben. Womöglich qualifizierte er sich mit den Wochen als Gymnastiklehrer. Sicher sah Sophie-Täubchen ihn dann in einem ganz anderen Licht! Gemeinsam würden sie zu forschen Wanderungen in den Highlands aufbrechen. Waden wie Felsen würde er bekommen. Das jedenfalls hatte Pommeroy versprochen.

James stellte das Glas auf den kleinen Tisch und wickelte ein Hähnchen-Sandwich aus dem Papier. Gierig biss er hinein. Mayonnaise lief auf seinen Handrücken. Er leckte sie ab und brummte zufrieden. Nun gut, es hatte einen Rückschlag gegeben, doch das Weitere würde sich finden.

* * *

»Undercover-Agent«, hatte der Chefinspektor das genannt. Der hatte gut reden! Oggerty fühlte sich in dieser Lacklederhose, als hätte man ihn in eine Wurstpelle gestopft. Im Schritt hatte er sich schon einen Wolf gelaufen. Von wegen Undercover-Agent! Wenn seine Frau ihn so zu Gesicht bekäme!

Oggerty lehnte sich an den Tresen der Amigo-Butterfly-Bar und beobachtete aus den Augenwinkeln die Bedienung. Unter ihrer Spitzenbluse wogten gewaltige Brüste.

Auf der Zapfanlage thronte ein rosa Teddy, der wegen der übergroßen Liebe seiner Spielkameraden schon ganz schmud-

delig war. Um seine Taille hatte man ihm ein strammes Holz-
schwert gebunden. Daneben Pudel aus Porzellan und rosa
Schleifchen.

Vom Kneipenbuffet herab baumelte ein Lebkuchenherz, auf
das zwei gekreuzte Penisse aus Zuckerguss gespritzt waren.
Oggerty wandte sich angeekelt ab. Was sollte er nur machen,
wenn er hier angesprochen würde?

Aber andererseits hatte der Chefinspektor ihn genau aus diesem Grund hierher geschickt. Er sollte sich nach Mr. Pommeroy und speziell nach seinem Verhältnis zu James umhören.
Ein Polizist hätte in dieser bizarren Umgebung natürlich nichts
in Erfahrung gebracht. Deshalb dieser Karnevalsaufzug. Die
Lederhose schnürte ihm nun auch die Kniegelenke ab.

»Was darf's denn sein, Süßer?«

Oggerty zuckte zusammen. Die Bardame hielt ein längliches
Glas in der einen Hand und fuhr mit der anderen darüber, als
ob … O nein! Nie hätte er sich auf diesen Vorschlag DeCravens einlassen dürfen. Tatsächlich war es auch kein Vorschlag gewesen, sondern eher ein Befehl. Dennoch, durfte der
Chefinspektor *das* von ihm verlangen?

Aber seitdem er das Foto dieses Butlers gesehen hatte, war der
Chef wild entschlossen, ihm das Handwerk zu legen. Geradezu fanatisch kam er ihm vor.

Nein, das ließe er sich nicht bieten, hatte DeCraven mit hochrotem Kopf geschrien, und das jetzt Schluss sei, und dann hatte er seinen Kricket-Tischparcours mit der Faust zertrüm-
mert. »Der fordert mich heraus«, hatte der Chefinspektor mit
düsterer Stimme gemurmelt.

Und nun saß *er* hier.

»Na, Süßer, soll ich dir beim Überlegen helfen, hmh?«

»O ja, Miss, also …«

»Nicht so förmlich, Kleiner, ich bin die Ruth.«

105

»O ja, Miss Ruth, ich hätte gerne, nun, wie wäre es mit einem Glas Wasser?«

»Na, ist das nicht zu stark für dich?«

Die Bedienung lachte heiser und schüttelte ihre feuerroten Haare. Oggerty war verwirrt. Die Stimme war sehr dunkel, und als er jetzt genau hinsah, erkannte er diese Behaarung auf dem Arm, die einfach nicht zu einer Frau passen wollte. Auch mit dem Busenansatz stimmte etwas nicht. Und dann diese riesigen Hände! Oggerty überkam ein Schwindelgefühl. Die Bardame oder wer auch immer sich hinter dieser zentimeterdicken, wohl mit einen Tortenheber aufgetragenen Schicht von Schminke verbergen mochte, zündete sich eine Zigarette an.

»Na, Süßer, und was willst du der lieben Mutti denn ausgeben?«

»Der lieben …?«

»Ach, Süßer, mir ist ja so nach einem Glas Champagner. Das kribbelt so schön im Gaumen.«

Unter ihrem Augenaufschlag rutschte Oggerty ein paar Zentimeter vom Hocker. Und wie sie mit der Zunge über die Lippen fuhr!

Sicher, Oggerty hatte von diesen homoerotischen Treffs gehört, die der Chefinspektor »Fummelbuden« nannte. Vorsichtig versuchte er, einen Notausgang ausfindig zu machen, durch den er im Fall der Fälle verschwinden konnte.

»Champagner«, sagte er und schluckte.

»Danke, Süßer, du bist ein Prinz.«

Die Frau bückte sich und zauberte eine Flasche Champagner hervor. Sie füllte ein Glas und prostete Oggerty zu.

Der Constabler nickte und sah sich um. Im dämmrigen Licht des Lokals entdeckte er etwa zehn Männer. Jeweils zwei Paare tuschelten miteinander und hielten sich an den Händen. Auf der Tanzfläche drehten sich zwei Männer zu einer jaulen-

den Musik, die wohl eine mexikanische Weise sein sollte. Wahrscheinlich flehten irgendwelche dahergelaufenen Hirten den Mond an. Man kannte das ja. Oder ging es etwa um …? Oggerty verbot sich, diesen Gedanken weiterzuspinnen. Und überhaupt, er verstand nicht, warum diese Lokalitäten nicht verboten wurden. Es war ein Skandal.
»Na, du Starker, du? Willst du mit mir tanzen?«

Erschreckt drehte Oggerty sich zu dem Mann mit dem pomadigen Schnauzer um. Er trug ein kurzärmeliges Shirt, und seine muskulösen Oberarme waren mit einem Segelschiff tätowiert.

»Nein, danke, ich …«

»Das hört sich ganz nach einem Korb an.«

»Ja, ähh, nein.«

»Gefall ich dir denn gar nicht?«

Der Matrose zog ein Gesicht, als wollte er gleich weinen.

»Also, ähh …«

»Nur weil du hier mit dieser sündhaft teuren Lederhose hereinspazierst, musst du dich nicht gleich so hochnäsig aufführen, Bursche.«

Besonders die glitzernden Pailletten waren furchtbar albern. Auch in dem zugigen schwarzen Netzhemd fühlte er sich extrem unwohl.

Der Matrose hielt seine Augen fordernd auf Oggerty gerichtet.

»Also, es ist so, also, ich habe einen festen Freund«, sagte der Constabler.

»Na, aber ein Tänzchen wird doch wohl drin sein!«

Der Matrose zog Oggerty vom Barhocker und begann, ihn zu den Hirtengesängen über das Parkett zu schieben. Besonders widerlich war es Oggerty, dass der Mann sich mühte, Wange an Wange zu tanzen. Es kratzte.

Die Finger des Mannes umklammerten seine Hand wie eine Eisenzwinge. Der Matrose führte und verschärfte das Tempo. Vom Tresen her blitzte es. Um Gottes willen, jemand hatte ein Foto geschossen! Doch dann beruhigte sich Oggerty wieder. Wahrscheinlich nur eine Täuschung. Die Anspannung.

»Ich bin der Georgy«, flüsterte der Matrose in sein Ohr.

»Wenn du mal ganz allein bist, dann melde dich. Ich werde eine Nacht mit dir verbringen, die du nie vergisst.«

Oggerty schwieg. Widerspruch hätte ihn wahrscheinlich nur ermuntert, dieses unwürdige Gebalze fortzusetzen. Der Matrose begann, die Melodie falsch mitzusummen.

Als die mexikanische Weise verklungen war, brachte er Oggerty zu seinem Platz zurück und verbeugte sich galant.

»Vielen Dank«, hauchte er und drehte sich um.

Eine rührende Geste. Oggerty war verwirrt.

»Na, Süßer, noch ein Wasser?«

Nun gut, Alkohol im Dienst war zwar verboten, aber das hier waren besondere Umstände. Oggerty orderte ein Bier bei der Rothaarigen und erkundigte sich vorsichtig nach Mr. Pommeroy. Die Bardame entpuppte sich als kaum zu bremsende Klatschtante.

»Pommy-Schätzchen war ja immer so was von spendabel. Also die meisten Jungs aus guten Verhältnissen ... geizig sind die. Aber Pommy ... nein! Eine Seele von einem Mann.«

»Ist er öfter ...?«

Die Bardame schnalzte beleidigt mit der Zunge.

»Öfter? Pommy ist Stammgast!«

»War er denn in Begleitung ...?«

»Na, Süßer, du willst Sachen wissen. Hast wohl ein Auge auf ihn geworfen, was?«

»Also ...«

»Da hast du keine Chance. Der geht mit Jamsy. Die ganz große Liebe, sag ich dir. Wie im Märchen.«

»Ging«, sagte Oggerty.

»Wie?«

»Schon gut.«

»Pommy hat ihn sogar als Universalerben eingesetzt. Ist *das* nicht romantisch?«

Der Constabler fuhr zusammen. Hatten sich diese ganze pein-
liche Verkleiderei und der Tanz mit dem Matrosen am Ende
doch gelohnt? Kein Zweifel, was er da eben gehört hatte, war
nichts Geringeres als ein handfestes Motiv. Der Chefinspektor schien Recht zu behalten. Dieser Butler war ein nieder-
trächtiger, habgieriger Serienmörder.
Über der Musikbox vergilbte ein Filmplakat. »Lakai des
Grauens«, las er. Seine Frau mochte derartige Filme. Er konnte sich erinnern, dass er mit ihr vor Jahren genau diesen Film
gesehen hatte. Die Szene mit dem Butler, der sich mit seinem
blutverschmierten Beil durch das nächtliche London gemet-
zelt hatte, war ihm unvergesslich geblieben. Seltsamer Zufall.
Und jetzt versuchten sie, fernab von allem Filmzelluloid einen
echten Lakaien des Grauens dingfest zu machen.
»Was hast du denn, Süßer? Du bist ja ganz blass.«
»Wie? Ist wohl eine Grippe, ich zahl dann, bitte.«
»In dem luftigen Hemdchen kein Wunder.«
Oggerty schob ihr eine Pfundnote über den Tresen. Höchste
Zeit, dass er aus dieser Hose kam. Er brannte darauf, dem
Chefinspektor die Neuigkeit zu erzählen. Das mit dem Tan-
zen würde er natürlich verschweigen. Schließlich trug das
nichts zur Aufklärung des Falles bei. Das brauchte niemand
zu erfahren.

* * *

»James, liegt es im Bereich des Möglichen, dass wir uns
gestern unseren freien Tag genommen haben?«
»Miss Sophie, es gab da eine ganz unvorhersehbare ...«
»Nachlässigkeit, James. Ich kann mich des Gefühls nicht er-
wehren, dass sich da ein enormes Potenzial an Nachlässigkeit
aufgebaut hat.«

James zupfte am Tischtuch. Er zog die Mundwinkel zurück und entblößte seine Zähne.

»Haben Sie dazu etwas zu sagen, James?«

»Ich, ähh, nein, eigentlich nicht.«

Miss Sophie lehnte sich in ihrem Sessel zurück und wandte sich wieder ihrem Magazin zu. Geräuschvoll blätterte sie eine Seite um.

James zog den Blumenstrauß aus der Vase und prüfte mit dem Zeigefinger den Stand der Flüssigkeit. Dann stopfte er die Blumen wieder in das Gefäß und stellte sie zurück.

Mit dem Tuch wedelte er geschäftig über die Ahnengemälde. Manchmal kam es ihm so vor, als würden diese Herrschaften ihm fies ins Gesicht grinsen, wenn er sich um den Haushalt kümmerte. Typisch, die hatten eben nie gelernt, was Arbeit ist.

Besonders dieser weißhaarige Mops mit dem Buch in der Hand. Doch auch der Jäger im grünen Tuch und der albernen Fasanenfeder am Hut machte sich über ihn lustig. James starrte ihn an und schnitt eine Grimasse.

Miss Sophie blickte von ihrem Magazin auf.

»James, Ihre Vergnügungen gehen mich nichts an. Zumindest nicht, solange Sie Sitte und Anstand wahren und dem Ruf von Rosen-Manor keinen Schaden zufügen.«

James wurde der Kragen zu eng. Ja, da war wieder eine dieser dunklen Andeutungen, mit denen sie sich über ihn lustig machte, ihn quälte.

»Aber unseren Pflichten wollen wir doch nachkommen, nicht wahr?«

Miss Sophie drückte ihre Haare in Fasson. James liebte diese Geste, diese stille Eleganz, die in ihrer Handbewegung lag. Ja, ihre Haare. Heute allerdings schien ein beträchtlicher Teil von ihnen auf ihren Zähnen zu wachsen.

Sicher war sie zickig, weil Pommeroy sie hatte abblitzen lassen. Dabei hatte sie beharrlich versucht, ihn zu verführen. Peinlich war das gewesen. Geradezu aufdringlich. Nun ja, selbst Miss Sophie hatte mit den Bedürfnissen eines weiblichen Körpers zu kämpfen.

Dass Mr. Pommeroy lediglich ein gewisses freundschaftliches Interesse an ihr zeigte, hatte der guten Sophie gar nicht gepasst. Nein, sie hatte mit ihren Freundinnen über einen »glorreichen Plan« getuschelt. Natürlich hatte er nicht gelauscht, es war einfach nicht zu überhören gewesen. Von Adelstiteln war da die Rede, von den Minderwertigkeitskomplexen der Bürgerlichen, vom Fortbestand der Linie »in würdiger Ausstattung« und schließlich: von baldiger Heirat.

Typisch Sophie. Das waren die Einflüsse ihrer Sippe, die sie aus den Tiefen des Familiengrabes bedrängten. Geld und Raffgier. Doch er, James, wusste es besser. Hinter all diesen unersättlichen Begierden versuchte sie doch nur, ihren weichen Kern zu verbergen.

Wenn sie doch nur begriff, dass er bereitstand, dieses warm pulsierende Herz zu schützen. Bereitstand, ganz und gar sein Leben ihr zu Füßen zu legen!

»James, wenn Sie uns von dem Staub befreit haben, wäre es ganz reizend von Ihnen, wenn Sie mir eine Tasse Tee bringen könnten.«

»Sehr wohl, Miss Sophie.«

»Darjeeling, bitte«

»Ja, Miss Sophie.«

»Mit einem Tropfen Sahne.«

Sie kicherte.

»Und, James, sollten Sie das nächste Mal ernsthaft beabsichtigen, Ihren Familienstand zu ändern, wäre ich für eine kurze Nachricht dankbar.«

Miss Sophie rauschte aus dem Salon.

Auf seiner Stirn perlte der Schweiß. James ließ sich schwer auf einen Sessel fallen. Dieser verrückte Pommeroy hatte tatsächlich Ernst gemacht. Er hatte bei Miss Sophie um seine Hand angehalten!

Erst als er ihm dies vor ein paar Tagen angedeutet hatte, war James schlagartig klar geworden, dass Pommeroy ganz andere Dinge im Schilde führte als nur die selbstlose, sportive Pflege seines Körpers.

Und nun hatte er ihm tatsächlich vor seinem Tod noch diese Bürde auferlegt. Er hatte um seine Hand angehalten! Ausgerechnet bei Miss Sophie! Von seiner Liebe zu James hatte er geredet, von der gemeinsamen Zukunft. Von seinen Gefühlen gegenüber Miss Sophie, die er liebe »wie eine Mutter«. Er hatte diesen Vortrag im Beisein von James sogar geübt. Aber niemals, niemals hatte James geglaubt, dass Pommeroy damit wirklich zu Miss Sophie gehen würde.

Und immer wieder hatte er James an sich gedrückt und ihre gemeinsame Zukunft beschworen. Nun, ein gewisser Reiz war sicher nicht zu leugnen. Als Ehepartner von Pommeroy war er Mitglied einer der reichsten Familien des Königreiches. Eine gesellschaftliche Anerkennung konnte ihm selbst angesichts dieser merkwürdigen Umstände nicht verweigert werden. Oder doch? Gab es da eigentlich ein Exempel? Wahrscheinlich hätte man ihn in ein abgelegenes Gefängnis auf dem Lande gesteckt. Wie diesen Dichter Oscar Wilde. James hatte davon in der Zeitung gelesen.

Doch selbst wenn die Gesellschaft wohlwollend darüber hinwegsah, wie sollte das aussehen? James sah sich in Frauenkleidern im Arm von Archibald Pommeroy. Von überall her drang das Tuscheln und Kichern der Menschen.

Vielleicht hätte er sich trotz all dieser Gemeinheiten mit Pom-

meroy verbinden und dann eine Affäre mit Miss Sophie ein-
gehen sollen? Eine Menage à trois, wie der Franzose sagte.
Hätte sie da mitgespielt? Und nachts? Gemeinsam mit Pommeroy im Ehebett? James erschauerte. Durstig schüttelte er
eine Flasche Sherry. Nur eine lausige Pfütze Wasser. Dabei
konnte er jetzt einen Schluck vertragen.

James überlegte, ob er noch rasch zum Kolonialwarenladen
von Mr. McKinsey hinüberspringen sollte. Doch eigentlich
wollte er ihn mit einem Boykott belegen. Dieser verdammte
Krämer hatte doch tatsächlich die Frechheit besessen, Andeutungen abzusondern. Gerade bei seinem letzten Einkauf hatte
er ihn gefragt, ob er statt Whisky nicht lieber eine Flasche
Eierlikör wolle.

James dachte an den gestrigen Abend. Warm war es am
Strand gewesen. Und dann war Pommeroy nackt auf ihn zu-
getanzt und hatte dieses Haifischgebiss in der Hand gehabt.
Er hatte ihn aufgefordert, sich auszuziehen und gemeinsam
das »Schnapp-Schnapp-Spiel« zu spielen. Und dabei hatte er
unentwegt mit dem Gebiss geklappert. Nein, das war zu viel.
Und beobachtet hatte man sie auch. Da hatte eine Gestalt auf
dem North-Pier gestanden. Was zu weit ging, ging zu weit.
Das »Schnapp-Schnapp-Spiel«! Jetzt hatte es sich ausge-
schnappt.

* * *

Colonel Jeremiah Pommeroy ließ den Chefinspektor exakt
30 Sekunden warten. Dann schritt er die Treppe herunter.
Kerzengerade und mit vollem weißem Haar. Wie Moses, der
mit den zehn Geboten unter dem Arm den Berg herabstieg.
Zumindest hatte sich DeCraven Moses immer genau so vorgestellt. Der Chefinspektor schätzte ihn auf Anfang siebzig.

Auf seinem Gesicht waren keinerlei Emotionen abzulesen. Nach seinem federnden Gang zu urteilen, hatte der Mann bis ins hohe Alter Sport getrieben.

Der Colonel streckte DeCraven die Hand entgegen und dirigierte ihn dann zum Kamin.

»Chefinspektor, ich habe Sie erwartet. Bringen wir diese leidige Angelegenheit hinter uns. Einen Moment noch. Ich denke, wir können auf dieses Tee-Geschlabber verzichten, nicht wahr?«

Der Colonel wandte sich an seinen Diener.

»Ach, Huntington, versorgen Sie uns doch mit einem Whisky. Sie trinken doch ein Glas mit mir?«, wandte er sich an DeCraven.

Der nickte irritiert. Ein Sergeant hatte den Großindustriellen zwar über den Tod seines Sohnes ins Bild gesetzt. Trotzdem, diese Kühle war DeCraven unverständlich. Immerhin war es ja sein eigen Fleisch und Blut, das da furchtbar zugerichtet am Strand aufgefunden worden war.

Huntington stellte zwei Gläser auf den kleinen Tisch. Der Chefinspektor versank in einem schweren, mit indischem Tuch bezogenen Sessel.

Neben dem Kamin standen ein paar Figuren, die DeCraven für hinduistische Gottheiten hielt. Mit Sicherheit konnte er das nur über eine Shiva-Darstellung sagen. Sie tanzte mit vier Armen in ihrem kosmischen Lebensrad auf einem Körper. Auf der Anrichte leuchteten sorgfältig geputztes Bleikristall und daneben afrikanische Masken. In einem halb geöffneten Waffenschrank registrierte DeCraven vier großkalibrige Jagdgewehre, wie sie für die Großwildjagd benutzt wurden. Daneben weitere drei Jagdgewehre, die sich für die Pirsch auf heimisches Rotwild eigneten.

Dass der Colonel sie zu gebrauchen wusste, bewiesen die

Trophäen an den Wänden. Neben einem Zwölfender, den Hörnern eines gewaltigen Ochsen und einem Nashornkopf prangten auch zwei gekreuzte Stoßzähne eines mächtigen Elefanten an der Wand.

Auch den Kopf eines Schwertfisches hatte der Colonel präparieren lassen. Gleich daneben deuteten ein Nagel und darunter ein weißer Fleck darauf hin, dass man hier erst vor kurzem eine weitere Trophäe abgehängt hatte. DeCraven schob sich eine Pfefferminzpastille in den Mund.

»Sie entschuldigen, Colonel Pommeroy, eine Anweisung meines Arztes.«

Der Konservenfabrikant brummte etwas von »verdammten Blutsaugern«.

»Lassen Sie uns ohne große Umschweife zur Sache kommen«, sagte DeCraven.

»Ganz in meinem Sinne.«

»Ihr Sohn wurde grausam zugerichtet. Es muss nicht sein, aber die Tat könnte aus dem Milieu heraus motiviert sein. Nun, also, Ihr Sohn …«

»Eine Tunte war er. Ist mir bekannt. Aber fragen Sie mich nicht, woher er das hat!«

»Colonel, also, ich wollte …«

»Von mir hat er das nicht! Da können Sie gleich zwei Dutzend Damen fragen … und ein paar uneheliche Bastarde schleppe ich auch schon seit Jahren durch. Huntington kann Ihnen die Bankanweisungen zeigen. Also von mir hat er das nicht.«

»Davon bin ich überzeugt, Colonel, ohne Zweifel, aber können Sie mir trotzdem etwas über seinen Umgang verraten?«

»Ich weiß nur, dass er in letzter Zeit mit so einem kleinen Buckligen herumgezogen ist. James, hieß er, glaube ich. Mein Sohn war nicht nur schwul, der muss auch unter Geschmacksverirrung gelitten haben. Außerdem war er kurzsichtig. Aber glauben Sie nur nicht, dass er eine Brille getragen hätte. Der ist lieber gegen irgendwelche Hausmauern gelaufen. Von mir hat er das jedenfalls nicht. Vielleicht ...«

»Ja?«

»Möglich, dass ich ihn zu jung zur Jagd mitgenommen habe.«

»Es geht eigentlich weniger um die Kindheit ...«

»Ich weiß noch, mit welcher Begeisterung er einmal in der Serengeti zwei Elefanten beobachtet hat, die es direkt vor unserem Unterstand miteinander trieben. Ganz normale Elefanten, wenn Sie verstehen, was ich meine. Die gewaltigen Rüssel vor uns, das brünftige Stöhnen ... Aber so ein Anblick kann doch einen gesunden Jungen nicht zu einer Schwuchtel machen? Oder, Chefinspektor? Da müsste ja ganz Afrika ... Unsinn. Dem Jungen hat die Mutter gefehlt. Kein Wunder, dass er diese Miss Sophie ...«

DeCraven zuckte zusammen.

»Sie kennen Miss Sophie?«

»Sicher. Sie wollte ihn doch heiraten. Jedenfalls hat sie mir diesen Plan unterbreitet. Sie würde Archibald heiraten, der Klatsch würde schlagartig verstummen, und er könnte getrost seinen Neigungen frönen. Was das betreffe, sei sie ganz großzügig. Sie benutzte das Wort ›tolerant‹.«

»Aus welchem Grund wollte er ...?«

»Nun, Archibald würde damit im Gegenzug in den Landadel erhoben, und sie versprach sich eine lebenslange Apanage.«

DeCraven nickte.

»Kurz und gut, sie wollte Geld«, fuhr der Colonel fort. »Geld gegen einen guten Leumund. Ein reelles Geschäft. Ich fand den Vorschlag gar nicht so übel. Aber Archibald hat abgelehnt. Wissen Sie, was er gesagt hat?«

»Nein.«

»Er könne nicht zum Verräter an seiner Liebe werden. Stellen Sie sich das vor! Stockschwul der Mann, und dann solche Sprüche.«

Colonel Jeremiah Pommeroy griff zu einer schmiedeeisernen Stange und stieß sie in die Kaminglut. Funken sprühten, dann zischte es und weißer Rauch stieg durch den Kamin auf.

»Nicht richtig abgelagert«, sagte DeCraven.

Der Colonel brummte etwas Unverständliches. Dann rieb er sich eine Träne aus dem Augenwinkel.

»Verdammte Asche«, murmelte er.

Nach einer Viertelstunde verabschiedete sich der Chefinspektor. Huntington brachte ihn zur Tür. Auf dem Weg in das kleine Hotel in Blackpool, in dem er und der Constabler während der Ermittlungen Zimmer bezogen hatten, versuchte DeCraven Ordnung in seine Gedanken zu bringen. James war also seiner Herrin in die Quere gekommen. Hatte sie am Ende Pommeroy junior auf dem Gewissen? Aus Enttäuschung, weil er ihre Heiratspläne ablehnte? Aber genauso gut hätte sie James umbringen können. Schließlich war er ein Konkurrent, der ihre Absichten durchkreuzte. Ja, er war sozusagen ein Nebenbuhler.

Andererseits ging es in ihrem Plan ja darum, den Sohn des Fabrikanten trotz seiner abseitigen Neigungen gesellschaftsfähig zu machen. Hatten James und Miss Sophie zusammengearbeitet? Ein mörderisches Komplott geschmiedet? Das würde zur Handschrift dieses Pärchens passen. James bringt Archibald Pommeroy dazu, sich in ihn zu verlieben, und dann taucht Miss Sophie als Retterin mit einem großartigen Angebot auf. Aber wie konnte ausgerechnet dieser schmuddelige Butler einen Archibald Pommeroy bezirzen? Und warum das alles?

Die Motive lagen im Dunklen, eindeutige Indizien gab es

nicht. Kurz und gut, der Fall war abstrus. DeCraven zerbiss das Pfefferminzbonbon und schluckte es hinunter.

Ihn fröstelte, wenn er an das Hotelzimmer dachte. Es war nicht nur kahl, sondern die undichten Fenster sorgten auch für einen unangenehmen Zug. Doch mehr als dieses Hotel hatte das Spesenbudget des Yard nicht hergegeben.

Die Saison in dem Badeort war in vollem Gange, und dann war im Ballroom-Tower auch noch für das kommende Wochenende eine Tanz-Meisterschaft angesetzt. Er konnte froh sein, dass sie überhaupt noch zwei Zimmer bekommen hatten. Nicht auszudenken, wenn er mit Oggerty in einem Zimmer … Nein, dann wäre er doch lieber jeden Tag zwischen London und Blackpool hin- und hergependelt. Eine knappe Stunde hätten sie dafür gebraucht. Aber er wollte nun mal keine Minute nutzlos verstreichen lassen. Er war dieser Miss Sophie und ihrem Butler dicht auf den Fersen.

Und momentan sah es so aus, als wäre dieser vertrottelte Butler ein teuflisches Werkzeug in ihren Händen. Diesen Verbrechen musste ein Ende gesetzt werden. Nein, diesmal sollten sie ihm nicht entwischen!

* * *

Oggerty betastete die Schwellung in seinem Gesicht. Der Schlag brannte noch immer höllisch. Seine Frau war eher zierlich, doch in Rage konnte sie unglaubliche Kräfte mobilisieren.

Der Constabler ließ seine Augen durch das triste Hotelzimmer wandern. Ein Windzug zerrte am blassgrünen Vorhang. Er fröstelte. Noch immer trug er dieses abscheuliche Netzhemd. Die Lacklederhose lag auf dem Bett. Kein Wunder, dass seine Frau derartig aus der Haut gefahren war.

Die gräuliche Bettdecke musste kurz nach dem Krieg ihre besten Jahre erlebt haben. Die Tür des Schranks hing schief in den Angeln, und das daneben an der Wand eher notdürftig festgeschraubte altersgelbe Waschbecken zeigte schwarze Sprünge. Sah so seine Zukunft aus? Würde er einsam in heruntergekommenen Hotelzimmern dem Alter entgegensiechen? Und alles nur wegen dieser verdammten Lacklederhose?

Wer hätte auch ahnen können, dass seine Frau aus heiterem Himmel in seinem Hotelzimmer auftauchte. Mit den Kindern an der Hand. Ein paar Tage am Meer wollte sie mit ihnen verbringen. In seiner Nähe sein. Und dann hatte sie abwechselnd auf sein Netzhemd und wieder auf die Hose gestarrt.

Er hätte diese verdammten Sachen im Schrank verstauen sollen. Oder – noch besser – gleich zum Chefinspektor zurückbringen.

»Ermittlungen?«, hatte sie geschrien. »So nennt man das also!« Dann hatte sie zugeschlagen, die Kinder gegriffen, war aus dem Zimmer gestürmt und zurück nach London gefahren. Wie, um Himmels willen, sollte er ihr das erklären?

Schließlich war er ein Undercover-Agent. Der Auftrag geheim. Das hatte zumindest der Chefinspektor gesagt. Der und seine Ideen! Am liebsten hätte er diese verdammte Hose in kleine Streifen geschnitten und im Klo hinuntergespült. Doch das durfte er nicht. DeCraven hatte beim Kostümverleih mit zehn Pfund dafür gebürgt.

Besser, er versuchte sich mit Arbeit abzulenken. Oggerty zog seinen Notizblock aus der Tasche und fasste zusammen, was er an diesem Vormittag herausgefunden hatte. Tatsächlich hatte er neben seinen Erkundigungen in der Amigo-Butterfly-Bar einen Rechtsanwalt aufgetrieben, der erst vor einer Woche ein Testament für Mr. Pommeroy aufsetzen sollte. Der Mann

musste etwas auf dem Kerbholz haben, sonst hätte er seine Aussage mit Hinweis auf die anwaltliche Schweigepflicht verweigert. Demnach sollte James Universalerbe werden.

Dem Chefinspektor würde das gar nicht schmecken, denn das Testament war noch nicht unterschrieben. Damit war der Butler aus dem Schneider. Schließlich musste er ein Interesse daran haben, dass sein Galan zumindest so lange lebte, bis das Testament unterzeichnet war. Damit rückte Miss Sophie wieder in die erste Reihe der Verdächtigen auf. Sie ging nach einer Testamentsänderung endgültig leer aus. Ein Mord wäre ihr also durchaus zuzutrauen.

Oggerty riss einen leeren Zettel aus seinem Notizbuch und begann zu schreiben: »Liebe Muriah, du erhältst diese Zeilen …«

Weiter kam er nicht. So, wie er seine Frau kannte, würde sie den Brief ungelesen verbrennen. Nein, er musste mit ihr reden. Von Angesicht zu Angesicht.

Am liebsten wäre er ihr gleich nach London hinterhergefahren, doch was würde der Chefinspektor dazu sagen? Genau genommen wäre es eine Art Fahnenflucht.

Damit war beim Chef nicht zu spaßen. Der trieb sich wahrscheinlich wieder in einem dieser Spielsalons herum. Das Ganze hieß dann Ermittlung! Und er, Oggerty, durfte die Drecksarbeit erledigen und dabei seine Ehe aufs Spiel setzen. Wie sollte er das nur seiner Frau erklären? Die dachte jetzt wahrscheinlich auch, dass er und der Chefinspektor ... Gar nicht auszudenken, was da jetzt in ihrem Kopf herumgeisterte!

* * *

James ließ die Hantel auf das Bett fallen. Sie versank in dem vergilbten Laken. Archibald hatte ihm geraten, für eine härtere Matratze zu sorgen. Das sei gut für die Wirbelsäule. Und den geraden Gang. Nur nichts überstürzen. Zumindest nachts wollte er sich ein wenig von seinen Körperertüchtigungen erholen. James stützte sich am Bettgestell ab und beugte die Knie.

Warum nur hatte er Pommeroys Anwandlungen nicht gleich bemerkt? Allein die dauernden Massagen. Und dann diese Besuche in den Duschräumen des Blackpooler Fußballclubs!

Andererseits hatte eine derartige Veranlagung sicher auch ihren Reiz. Für ihn wäre vieles einfacher. Wurde so etwas eigentlich vererbt oder anerzogen? Konnte man, ein bisschen guten Willen vorausgesetzt, eigentlich lernen, homosexuell zu werden?

Nur für ein paar Monate? James sah sich neben Archibald Pommeroy einen fußballfeldgroßen Salon durchschreiten. Er trug ein weißes Hochzeitskleid mit Hermelinbesatz. Am Rande stand die feine Gesellschaft und applaudierte. Dazwischen Miss Sophie und blinzelte neidisch, das Aas.

Archibald hakte sich bei ihm ein. Plötzlich stand Jeremiah Pommeroy vor ihnen. Sein grimmiges Gesicht entspannte sich, und er zauberte eine Schatulle aus seiner Jackentasche. Er öffnete sie und zog einen Ring mit einem taubeneigroßen Brillanten hervor. Wohlwollend steckte er ihm den Ring an den Finger.

Dann ein Kuss seines Schwiegervaters auf die Wange. Jetzt trat Miss Sophie auf das Brautpaar zu und überreichte ihnen eine blaue Schachtel mit einer goldenen Schleife. James öffnete sie und hielt plötzlich einen fleischfarbenen Büstenhalter in den Händen. Die Gäste sahen betreten auf den Boden und begannen dann wiehernd zu lachen. Nur Colonel Jeremiah Pommeroy umarmte ihn. Das Kitzeln des Bartes an seinem Ohr riss ihn aus seinen Träumen. Lächerlich! Sein Herz gehörte Sophie, und kein noch so großer Diamant konnte ihm diese Liebe abkaufen. Sein Herz, seine Gefühle waren unbestechlich.

Doch zu bedenken war, dass er nach einer solchen Verbindung im Ansehen von Miss Sophie ... schließlich war er nach seiner Verehelichung mit Mr. Pommeroy eine attraktive Partie, schwamm im Geld. Nun gut, zunächst müsste er sich scheiden lassen. Phantastereien! Er schüttelte sich.

Nein, Pommeroy hätte ihn am Strand nicht so überrumpeln dürfen. Dieses blöde Schnapp-Schnapp-Spiel! Und dann die Rangelei mit diesem Schnipp-Schnapp. Nun gut, die Wunde hatte übel ausgesehen, aber daran starb man doch nicht gleich. Er hatte sich ja sogar noch auf den Weg gemacht und

Verbandszeug geholt. Sollte ihm nur keiner Unmenschlichkeit vorwerfen. Als er zurückkam, hatte er deutlich erkennen können, wie sich eine andere Person über Archie beugte. Für ein paar Sekunden hatte er geglaubt, es sei Miss Sophie, doch dann hatte sich eine Wolke vor den Mond geschoben, und als es wieder heller wurde, war die rätselhafte Person verschwunden.

* * *

»Tut mir Leid, Oggerty, diese Geschichte mit Ihrer Frau.«

»Ja, Sir, ich weiß noch gar nicht, wie ich das wieder einrenken soll. Sie hat gesagt …«

»Oggerty, raus damit. Das befreit.«

»Also, sie hat gesagt, ich wäre eine Gefahr für die Kinder.«

»Das dürfen Sie nicht so ernst nehmen.«

»Nein, Sir.«

Oggerty bremste den Wagen scharf ab und bog in eine Nebenstraße.

»Und alles wegen dieser zugegebenermaßen etwas eigenartigen Hose?«

»Das Netzhemd, Sir. Vergessen Sie nicht das Netzhemd!«

Der Chefinspektor nickte stumm.

»Oggerty, ich werde Sie für eine Beförderung vorschlagen. Schließlich hat Ihre Recherche die Ermittlungen ein gutes Stück weitergebracht.«

»Danke, Sir.«

»Sehen wir uns doch einmal an, was wir haben: Eine übel zugerichtete Leiche am Strand. Ein Pärchen, für das dieser Fall geradezu typisch ist. Ein reicher Sohn aus gutem Haus verliebt sich unsterblich in einen Butler. Dieser leicht vertrottelte McMullen geht auf das Spielchen ein. Ob er nun einfach nur gerissen oder tatsächlich verliebt ist, wissen wir nicht. Der

125

reiche Fabrikantensohn hat einen gestrengen Herrn Papa mit Prinzipien, der sich nur widerwillig in sein Schicksal fügt.«

»Ja, Sir. Sicher nicht leicht, so einen …«

»So schlimm ist das nun auch wieder nicht, Oggerty. Das ist schließlich keine Krankheit, sondern eine … eine Lebensphilosophie, wenn Sie so wollen.«

»Ja, Sir.«

»Also: Archibald Pommeroy ist blind vor Liebe und will sogar sein Testament zugunsten von James ändern. Doch bevor er dazu kommt, wird er erschlagen, erwürgt, zerfetzt, ertränkt. Hab ich etwas ausgelassen, Oggerty?«

»Nein, Sir. So steht es im Obduktionsbericht.«

»Dann haben wir noch Miss Sophie, deren Annäherungsversuche schnöde abgelehnt wurden. Vergessen wir nicht, sie hatte einige Hoffnungen in diese Verbindung gesetzt.«

»Sie glauben, Miss Sophie …?«

»Wenn es James nicht war, dann …«

Oggerty brachte den Wagen in der Einfahrt von Rosen-Manor zum Stehen. Zielstrebig schritt der Chefinspektor auf die Eingangshalle des heruntergekommenen Herrenhauses zu. Er drückte auf die Türglocke, doch nichts passierte. Plötzlich wurde die Tür aufgerissen. Vor dem Chefinspektor und Oggerty stand James, der seinen Frack nur notdürftig über ein weißes Hemd und eine Art wollener, eng anliegender Unterhose geworfen hatte. Schnaufend ließ er eine Hantel kreisen.

Er nickte dem Chefinspektor und Oggerty zu und schloss die Tür.

»Er ist ein Trottel«, sagte DeCraven.

»Ja, Sir. Und er mag uns nicht.«

»Richtig, Oggerty. Warten wir mal ab, was jetzt passiert.«

Nach einer weiteren Minute öffnete Miss Sophie die Tür.

»Es tut mir so Leid, Inspektor, aber James ... nun ja, wir haben uns darauf geeinigt, dass er am späten Nachmittag eine Stunde seinen körperlichen Übungen nachgehen darf.«

»Ein turnender Butler?«

»Die Zeiten sind seltsam. Aber unser Hausarzt unterstützt diese Art der Leibesertüchtigung. Wegen seines Rückenleidens. Personal ist heutzutage schlecht zu bekommen, Inspektor.«

»Chefinspektor, Miss Sophie. Es ist nicht so, dass ich zwischenzeitlich degradiert wurde.«

»Oh, selbstverständlich, Chefinspektor. Ich wollte Ihnen keinesfalls zu nahe treten, aber wenn ich ganz ehrlich bin, weiß ich gar nicht, was es da für einen Unterschied gibt.«

»Miss Sophie, aus dem ... äh ... nennen wir es Umkreis von Mr. Pommeroy wissen wir, dass er Ihnen und vielleicht auch James Gymnastikunterricht erteilte.«

»O ja, der beklagenswerte Mr. Pommeroy, ein wirklich talentierter Mensch.«

»Er stammte doch aus reichem Haus ...«

»Nun, er hat diesen Unterricht mehr aus Freude erteilt. Ein Sportler vom Scheitel bis zur Sohle. In seinem Alter ...«

»Schon gut, Miss Sophie.«

DeCraven schob sich eine Pfefferminzpastille in den Mund und schwieg. Miss Sophie winkte ihm amüsiert zu.

»Huhu, Chefinspektor ... So abwesend heute?«

Urplötzlich hastete James mit seiner Hantel und immer noch schnaufend durch den Salon. Unter den verwunderten Augen der beiden Ermittler umrundete er den Tisch, hielt sich dann an einer Stuhllehne fest, machte eine Kniebeuge und trabte eine weiteres Mal um den Tisch. Schließlich verschwand er durch die Tür.

»Und das müssen Sie jeden Tag ertragen?«

Miss Sophie nickte tief aufseufzend. »Jeden Tag, den Gott werden lässt.«

»Ich hätte Ihrem Butler diesen Ehrgeiz gar nicht zugetraut.«
Miss Sophie zog ein mit Spitzen gesäumtes Tuch aus einer Falte ihres Kleides und schnäuzte hinein.

»Mr. Pommeroy scheint einen wohltuenden Einfluss auf James gehabt zu haben«, sagte der Chefinspektor.

»Wohltuend?«

»Mr. Pommeroy war verliebt in James. Das wissen wir inzwischen. Aber wie stand Ihr Butler dazu?«

»Inspektor, ich meine Chefinspektor, Sie können mir glauben, ich bin froh, dass keine Kinder zu meinem Haushalt gehören.«

»Mr. Pommeroy war ein reicher Mann, wie …«

»Pommeroy und reich?«
Miss Sophies Stimme klang spitz und schneidend.

»Außer einer kleinen, ihm ausgesetzten Rente hatte der doch nichts. Gar nichts. Seine goldene Uhr vielleicht und das, was er auf dem Leibe trug.«
DeCraven schlug mit beiden Fäusten auf den Tisch.

»Aber Miss Sophie, es gibt ein nicht unbeträchtliches Familienvermögen. Wir haben da …«

»Hat der Alte alles einer Stiftung zur Unterstützung mittelloser Offizierswitwen vermacht.«
Oggerty blätterte eine Seite seines Notizbuches um.

»Dann war das angebliche Testament zu James' Gunsten völlig wertlos?«, fragte DeCraven.
Miss Sophies Stimme klang plötzlich dunkel und verschwörerisch.

»Das Ganze ist höchst peinlich und unappetitlich, und am liebsten würde ich … aber wie ich schon sagte: Personal ist heutzutage schwer zu bekommen.«

DeCraven zerbiss seine Pfefferminzpastille.

»Und Sie, Miss Sophie? Keine weiteren Ambitionen?«

Miss Sophie sprang von ihrem Sessel auf.

»Aber Inspektor, wie könnte ich gegen die Natur von Mr. Pommeroy ... Ich bitte Sie!«

Miss Sophie umkrallte ihren rosafarbenen Stoffbeutel.

»Wenn ich allerdings an meinen Butler denke, meine Güte, da waren Emotionen im Spiel. James kann äußerst heißblütig sein.«

Auch DeCraven erhob sich aus seinem Biedermeiersessel.

»Wollen Sie damit sagen, Sie verdächtigen Ihren Butler?«

Miss Sophie zog gleichmütig die Schultern in die Höhe.

»Liebe ist unberechenbar«, sagte sie.

Mit der Entschuldigung, dass er noch ein wichtiges Telefonat mit Colonel Jeremiah Pommeroy zu führen hätte, verabschiedete sich der Chefinspektor.

* * *

Eine kühle Brise strich von der See über das Land. Oggerty zog eine Thermoskanne aus einem Leinenbeutel. Miss Sophie warf ihm einen missbilligenden Blick zu, während James auf der Stelle tänzelte. Er hatte sich ein Handtuch um den Hals geschlungen.

»Ein Schluck Tee, Miss Sophie? Der Chefinspektor wird sicherlich gleich kommen.«

»Steht uns wieder eines seiner berühmten Verhöre bevor? Von denen mussten wir nun schon einige über uns ergehen lassen. Es gibt nicht zu übersehende Anzeichen für einen pathologischen Verfolgungswahn beim Inspektor.«

»Chefinspektor, Miss Sophie. Er hat mich nur gebeten, Sie abzuholen und mit Ihnen hier am North Pier zu warten. Wenn Sie möchten, können wir uns auch ins Auto setzen.«

»Das wird nicht nötig sein. Sieh da, sieh da! Der Held betritt die Bühne.«

Miss Sophie deutete hinüber zu dem kleinen Andenkenstand am North Pier. DeCraven eilte mit großen Schritten auf sie zu.

»Lieber Chefinspektor, ein gewisser Hang zur Theatralik ist Ihnen nicht abzusprechen ...«

»Wenn's denn der Wahrheit dient, Miss Sophie.«

DeCraven machte auf Oggerty einen geradezu fröhlichen Eindruck. Das kannte er bisher nur, wenn sein Chef wirklich allen Grund zum Optimismus hatte oder aber diesen Optimismus vorspielte. »Ermittlungstaktik«, hatte das sein Chef einmal genannt.

»Kommen wir gleich zur Sache«, sagte er.

»Bei diesen Temperaturen, nichts lieber als das.«

»Miss Sophie, Sie hatten sich einen lukrativen Feldzug ausgedacht. Eine Art Heiratsoffensive, bei der jeder etwas zu gewinnen hatte.«

»Lächerlich«, erwiderte Miss Sophie. »Muss ich mir das anhören?«

»Es wäre überaus freundlich. Also: Sie schlagen vor, unseren lieben Archibald Pommeroy zu ehelichen. Auch wenn Sie nicht mit dem Vollzug dieser Ehe rechnen dürfen. Der gute Archi wird durch diese Verbindung zweifach geadelt. Er ist befreit vom Makel der Homosexualität, und er darf sich nun ein paar blaublütige Urahnen an die Wand hängen.«

»Mein lieber Inspektor ...«

»Chefinspektor.«

»Auch das. Was ist daran auszusetzen? Warum ruft das die Polizei auf den Plan?«

»Der Tote, Miss Sophie, der Tote. Irgendetwas ist schief

gelaufen. Wahrscheinlich war Mr. Pommeroy mit diesem ›Handel‹ nicht einverstanden, sondern wollte seine Liebe zu James nicht verraten. So deutete es zumindest Mr. Jermiah Pommeroy an.«

James brummte drohend und fletschte die Zähne.

»Zu Ihnen kommen wir gleich, Mr. McMullen.«

»Wahrscheinlich«, fuhr er, wieder an Miss Sophie gewandt, fort, »weigerte sich James, denn aus irgendeinem Grund lehnte er Pommeroys Avancen ab. Es scheint, als hätte James erst im letzten Augenblick seine Absichten so richtig durchschaut …«

»Was macht Sie da so sicher?«, unterbrach ihn Miss Sophie.

»Nun, wir haben einen Zeugen. Einen Augenzeugen.«

Oggerty schreckte von seinen Notizen hoch. Der Butler riss die Augen auf und sah sich panisch um. Dann setzte er auch schon die Beine in Bewegung, trabte ein paar Sekunden lang auf der Stelle und lief in Richtung Strandpromenade davon. Oggerty ließ Stift und Notizblock fallen und wollte ihm nachsetzen, doch DeCraven hielt ihn zurück.

»Wir werden ihn kriegen, keine Sorge«, sagte er fröhlich.

* * *

DeCraven drosch eine papierne Kricketkugel durch ein Tor. Sie traf den Aktenstapel und schoss dann in Richtung Schreibmaschine.

»Sir, also …«

»Nun, Oggerty?«

»Sir, ich kann mir Ihre Fröhlichkeit nicht erklären.«

»Ist es nicht schön, dass wir endlich dieses grässliche Hotel hinter uns lassen konnten? Hier im Yard fühlt man sich doch gleich viel besser.«

»Und dieser Butler?«

131

»Das ist doch wunderbar. Die Flucht von James McMullen ist ein Schuldeingeständnis. Jetzt haben wir ihn.«

»Aber wir hätten ihn doch auch so. Sie haben doch von dem Augenzeugen …«

»Eine Finte, Oggerty. Der Kioskbesitzer hat lediglich beobachtet, dass da eine weitere Person auf dem North Pier stand. Die musste James bemerkt haben. Nun schließt der gute James messerscharf, dass es da einen Augenzeugen für seine gemeine Tat gibt, und läuft weg. Nur eine Frage der Zeit, wann die Fahndung zum Erfolg führt. Dabei hatte er eine faire Chance. Hätte er den armen Mr. Pommeroy nicht auf dem Gewissen, dann hätte dieser Zeuge ihn ja entlastet und alles wäre in Butter gewesen.«

»In Butter, Sir?«

»Ich habe eine Probe aufs Exempel gemacht, Oggerty. Das ist sozusagen … nun nennen wir es höhere Kriminalistik.«

Wieder schoss DeCraven ein Kügelchen in Richtung Papierkorb. Sie verfehlte ihr Ziel und rollte auf dem gebohnerten Linoleum langsam aus.

»Mit seinem Weglaufen …?«

»Hat er seine Schuld eingestanden. Nun, vielleicht kann man sagen …«

Oggerty ergänzte: »Der Butler ist ihm zu nahe gekommen und Miss Sophie zu fern geblieben.«

»Oggerty, Sie sind ein Philosoph.«

»Danke, Sir. Erst habe ich vermutet, dass der Butler und Miss Sophie, beide sozusagen im Blutrausch …«

»Apropos Rausch«, sagte der Chefinspektor und schob Oggerty ein Foto über den Tisch. Es zeigte ihn in der Amigo-Butterfly-Bar. Eng umschlungen mit dem tätowierten Matrosen.

»Sir, Sir! Um Gottes willen.«

»Nun mal ruhig Blut, Oggerty. Ist nur für den internen Gebrauch. Ich habe das Foto als Beweismittel geschossen, und jetzt wird es die Dringlichkeit Ihrer Beförderung unterstreichen.«

»O nein, Sir, ich glaube, ich möchte lieber nicht befördert werden ... ich ...«

Oggerty ließ das Foto in seiner Jackettasche verschwinden. Es klopfte an der Tür. Unaufgefordert betrat Colonel Jeremiah Pommeroy den Raum.

»Wir hätten Sie gern gesprochen, Chefinspektor.«

DeCraven sah ihn verwundert an.

»Wir?«

Hinter dem Konservendosenfabrikanten drängten Miss Sophie und James in das Büro des Chefinspektors.

Oggerty sprang auf.

»James McMullen, ich verhafte Sie wegen des Verdachts ...«

Weiter kam er nicht, denn James streckte ein Haifischgebiss vor.

»Was soll das?«, herrschte DeCraven ihn an.

»Schnapp-Schnapp«, sagte der Butler.

»Hätten Sie vielleicht die Freundlichkeit, uns einen ganzen Satz zu Gehör zu bringen?«

Colonel Jeremiah Pommeroy trat vor James.

»Nun, was er sagen will, ist, dass mein Sohn im heldenhaften Kampf mit einem Hai ...«

»Menschen fressende Haie vor Blackpool?«

»O ja, Chefinspektor, sehr selten, soll aber vorkommen.«

Die Stimme von Colonel Pommeroy klang bestimmt.

»Also, dieser Butler ist meinem Sohn etwas zur Hand gegangen, als sie da unten am North Pier friedlich angelten, und ...«

»Angelten?«

Der Chefinspektor riss die Augen auf.

»Ihr Sohn ist das Opfer einer homosexuellen Attacke oder eines Eifersuchtsdramas ... oder ... oder ...«

»Ich selbst bin dieser Augenzeuge und habe gesehen, wie mein Sohn tapfer gegen diesen ungeheuren Fisch gekämpft hat. James war ja völlig am Ende seiner Kräfte. Sie müssen sich vorstellen, wie dieses Mordsvieh mit seinen Flossen auf das Wasser schlug, sich wälzte, in seinem Todeskampf ...«

»Das sind doch Geschichten, Spinnereien.«

James zog eine völlig verknotete Sehne aus seiner Tasche.

»Damit haben wir ihn gekriegt. Ein Mordsvieh, groß wie ein Bus.«

Erneut klapperte er mit dem Gebiss.

Chefinspektor DeCraven sprang auf.

»Und wie erklären Sie die Wunden des Opfers?«

James sah betreten zu Boden.

»Also, der Hai hat mächtig gezogen, und da ist er mit dem Kopf gegen die Brüstung ...«

»Der Hai?«

Die Stimme des Chefinspektors überschlug sich.

Mit monotoner Stimme sagte James seinen Text auf, geradeso wie ein auswendig gelerntes Gedicht: »Nein, Mr. Pommeroy ist mit dem Kopf gegen die Brüstung geknallt, und der Hai hat einfach weitergezogen. Mr. Pommeroy ließ aber nicht los und wurde aufs Meer hinausgezogen. Dort riss ihn der Hai dann in die Tiefe, und irgendwann hat er zugeschnappt.«

»Und wie kommen Sie dann zu diesem Haifischgebiss?«

»Na ja, ich bin hinterhergesprungen und hab mit allerletzter Kraft die Sehne erwischt. Ich hatte doch ein Fischmesser dabei.«

»James McMullen, ich glaube Ihnen kein Wort.«

»So war es, Sir, ich habe dem Hai den Kopf abgeschnitten, und später hab ich das Gebiss dann präparieren lassen. Als Andenken für Mr. Pommeroy senior.«
Colonel Jeremiah Pommeroy nickte und klopfte dem Butler auf die Schulter.
»Tollkühner Bursche. Alles, was recht ist.«
DeCraven hämmerte mit der Faust auf den Schreibtisch.

»Ihr Sohn ist Opfer eines homosexuellen ... eines Milieus, eines Eifersuchts..., und Sie machen ein Hai-Opfer aus ihm?«
Colonel Jeremiah Pommeroy schlug seinen Gehstock in das Linoleum.

»Von einer Homosexualität meines Sohnes weiß ich nichts, und wenn Sie beabsichtigen, dies gegenüber der Presse anklingen zu lassen, werter Chefinspektor DeCraven, dann werden wir einen netten kleinen Prozess wegen Verleumdung miteinander ausfechten. Ich bin zwar nicht von Adel, aber durchaus nicht ohne Einfluss. Ich werde das Andenken meines Sohnes nicht beschmutzen lassen.«

Der Chefinspektor sackte auf seinem Stuhl zusammen.

Miss Sophie meldete sich zu Wort.

»Und im Übrigen kann ich diese Geschichte bestätigen. Ich wollte die Leonidenschauer beobachten und ...«

»Die was?«

Verzweiflung machte sich in den Gesichtszügen des Chefinspektors breit.

»Leoniden! Kleine Sternschnuppen aus dem Sternbild des Löwen. Löwen pflegen zuweilen ihre Löwenbabys zu fressen. Wussten Sie das, Inspektor? Jedenfalls, überall fallen diese schrecklich vielen Leoniden ins Wasser, und da sehe ich die beiden mit diesem gewaltigen Fisch kämpfen. Gischt spritzt auf, und dann war seine gewaltige Flosse zu sehen ...«

»Miss Sophie, Sie wollen sich damit nur selbst als Unschuldslamm hinstellen. Ich bin mir absolut sicher, dass Sie am Tode des Archibald Pommeroy nicht ganz unbeteiligt waren ...«

»Können wir jetzt gehen?«, fragte Miss Sophie knapp.

Der Chefinspektor zerriss einen Vernehmungsbogen. Bedächtig rollte er die Streifen zu Kügelchen.

Nacheinander verließen Colonel Jeremiah Pommeroy, Miss Sophie und James das Büro.

Oggerty schüttelte den Kopf.

»Sir, haben Sie schon mal etwas von großen Haien vor Black-pool ...?«

DeCraven hob in einer Geste stiller Verzweiflung stumm die Hand.

»Sir, wir können sie doch nicht einfach so gehen lassen.«

Der Chefinspektor starrte wortlos auf die Schreibtischplatte Wortlos und mit starrem Blick schoss er ein Kügelchen in Richtung Papierkorb.

Mr. Winterbottom

Oggerty überflog die letzten Zeilen des Protokolls. »Weitere Ermittlungen im Fall des Todes von Mr. Pommeroy sollten ins Auge gefasst werden.« Würde der Chef mit dieser Formulierung einverstanden sein? »Ins Auge gefasst« klang irgendwie seltsam, »nicht ganz vergessen« zu schwach und »in nächster Zeit in Angriff nehmen« irgendwie kriegerisch. Warum blieb dieser Papierkram eigentlich immer an ihm hängen?

Seufzend blickte er hinüber zum Schreibtisch des Chefinspektors. Schon seit Tagen war dessen Stuhl verwaist. Neben dem Telefonhörer lagen nur die Überbleibsel seines letzten Tischkricket-Parcours. Büroklammern, Hefter und kleine Papierkügelchen. Diese Unordnung war ganz untypisch für den Chefinspektor.

Und auch als Oggerty ihn vor vier Tagen auf dem Flur getroffen hatte, kam er ihm fahrig vor. Hatte dieser Fall um den toten Mr. Pommeroy ihm doch mehr zugesetzt, als er zugeben wollte? DeCraven hatte ihm jedenfalls in aller Eile das Wort »Ermittlung« zugemurmelt und vom »Fall Lady Lastdrink« gesprochen. Dann war er zum Ausgang gehetzt.

In Wirklichkeit hieß die Dame Eleanor Kinkerley. »Lady Lastdrink« hatte man die Tote im Yard nur deshalb genannt, weil sie mit zwei halb leeren Ginflaschen in einem Einkaufsbeutel und mehreren Promille im Blut aus der Themse gefischt worden war. Der Chefinspektor klapperte jetzt die Pubs ab, um mehr über diese Frau in Erfahrung zu bringen.

Vielleicht ließ sich sogar herausfinden, wo sie ihren letzten Drink zu sich genommen hatte.

Sicher lenkte das den Chefinspektor ein wenig von seiner »schwarzen Serie« ab. Diesen düsteren Begriff benutzte er inzwischen, wenn es um die Ermittlungen in Sachen Miss Sophie und ihrem Butler James ging.

Oggerty zog den Stapel mit den unbearbeiteten Fällen zu sich heran. In der Hauptsache handelte es sich um Vermisstenanzeigen. Lustlos blätterte er eine Akte auf und sah in das ausdruckslose Gesicht eines jungen Mannes. Wahrscheinlich war er, wie so viele in seinem Alter, in irgendeine Kolonie aufgebrochen. Streunte in Indien herum oder hatte sich der französischen Fremdenlegion angeschlossen. Irgendwann tauchten sie wieder auf. Oder sie blieben für immer verschwunden. Wer wusste das schon zu sagen. Oggerty war das egal.

Er öffnete den nächsten Ordner. Eine junge Frau. Seit drei Wochen verschwunden. Da lag der Fall schon anders. Oggerty trommelte mit seinem Bleistift auf den Schreibtisch. Wer weiß, dachte er, vielleicht war sie von den Häschern eines Scheichs entführt worden? Tanzte längst in einem Wüstenzelt zu den Klängen seltsamer Instrumente? Oder badete in einem marmornen Pool mit den anderen Haremsdamen?

Für ein Mädchen aus den Docklands doch gar nicht so schlecht, fand Oggerty. Er zog das Bild dichter zu sich heran. Nein, so schön war sie nun auch wieder nicht. Wahrscheinlich war sie mit irgendeinem Kerl, einem jungen Nichtsnutz, direkt nach Gretna Green an die schottische Grenze und ließ sich nun nicht mehr aufhalten, einer vielköpfigen Kinderschar das Leben zu schenken.

Die Stimme eines Kollegen riss Oggerty aus seinen Mutmaßungen.

»Nein! Da können Sie nicht rein. Ganz unmöglich.«

»Ist das hier nicht die Polizei?«, antwortete eine Frauen-stimme.

»Selbstverständlich, aber ich muss Sie bei dem Kollegen erst anmelden …«

»Junger Mann, ist das hier ein Abtanzball oder eine britische Behörde?«

»Aber Madam …«

Oggerty hörte Türenklappern. Er hatte gerade seine Krawat-te zurechtgezogen, als die Bürotür aufflog und sie auch schon in seinem Büro stand, mit hochrotem Kopf und energisch vorgerecktem Kinn.

Oggertys Kehle war schlagartig so trocken, dass er nur kräch-zen konnte.

»Miss … Miss Sophie?«

»Na, wenigstens einer, der mich hier ernst nimmt. Ich will ihn sofort sprechen.«

»Wen?«

Miss Sophie klopfte auf den Schriftzug an der Tür.

»Der arbeitet doch noch hier, dieser Inspektor DeCraven?«

»Chefinspektor, Miss Sophie.«

»Meinetwegen. Also?«

»Also, was?«

»Wo steckt der Mann?«

»Es tut mir Leid, Miss Sophie, aber Chefinspektor DeCraven ist mit äußerst wichtigen Ermittlungen beschäftigt.«

Wie eine Fata Morgana tauchte vor Oggerty das Bild des Chefinspektors auf, der in einem Pub gerade ein Pint Bier zu sich nahm.

»Papperlapapp, schaffen Sie mir diesen Mann her, schließlich zahle ich Steuern.«

»Aber Miss Sophie …«

»Wenn man ihn nicht braucht, steht er unentwegt in der Tür. Kaum ist sein Typ gefragt, macht er sich aus dem Staub. ›Wichtige Ermittlungen‹, dass ich nicht lache.«

»Aber, Miss Sophie, wollen Sie mir nicht sagen, in welcher Angelegenheit ...?«

»Davon möchte ich den Inspektor persönlich in Kenntnis setzen.«

»Aber jetzt ist die Spur noch heiß, wir können sozusagen gleich Witterung aufnehmen.«

Miss Sophie hob das Kinn.

»Kleiden Sie das nicht in etwas animalische Worte, Constabler ... Constabler ...?«

»Oggerty, Miss Sophie. Mein Name ist Oggerty.«

»Stimmt. Nun, ich möchte Anzeige erstatten. In meinem Haus spielen sich merkwürdige Dinge ab.«

»Das ist wohl wahr.«

»Bitte?«

»Entschuldigung, Miss Sophie.«

»Also, Constabler Oggoty ...«

»Oggerty.«

»Tut das jetzt etwas zur Sache?«

»Nein, Miss Sophie, fahren Sie fort.«

»Nun, es werden Bilder von der Wand genommen und ... und wieder aufgehängt.«

»Aber, Miss Sophie, vielleicht entfernt Ihr Butler den Staub und ...«

»Papperlapapp. Die Bilder hängen da manchmal ganz schief, und dann gibt es plötzlich äußerst ungewöhnliche Geräusche und gestern, also gestern ...«

»Ja, Miss Sophie?«

Oggerty musterte sie besorgt. Keine Frage, die Frau war nervlich angegriffen.

»Gestern ist mir ein Armreif gestohlen worden, ein wertvolles Familienerbstück.«

»Ein Armreif?«

Oggerty beugte sich vor. Jetzt begann die Sache interessant zu werden.

»Ich wünsche, dass der Inspektor sich sofort darum kümmert.«

»Miss, Sophie, Diebstahl ist eigentlich ... Also, wir sind hier bei der Mordkommission.«

»Muss erst ein Mord passieren, bis Sie etwas unternehmen? Was ist das für eine unsportliche Einstellung? Ich wünsche, dass Sie den Inspektor sofort unterrichten. Es könnte sein, dass ein Kapitalverbrechen in unmittelbarem Zusammenhang damit steht.«

Miss Sophie hob triumphierend eine Papiertüte in die Höhe und schüttete sie aus. Scheppernd verteilte sich der Inhalt über Oggertys Akten.

»Scherben«, stellte Oggerty fest.

»Von meinem Porzellanhund. Ein Cairn-Terrier. Wertvolles Sammlerstück, 18. Jahrhundert. Wissen Sie, ich glaube nicht an diesen Geisterhokuspokus, aber das hier sind nun einmal Tatsachen.«

Oggerty kratzte sich hinter dem Ohr.

»Und wo haben Sie diese Scherben gefunden?«

»Hinter dem Buffet. Und ich schwöre bei Gott, das kann nicht mit rechten Dingen zugehen.«

»Ja, wenn das so ist, werde ich den Chefinspektor gleich benachrichtigen.«

»Tun Sie das, guter Mann.«

Miss Sophie nickte dem Constabler zu und segelte aus dem Büro.

Oggerty sackte auf seinen Stuhl zurück. Das hatte ihm gerade noch gefehlt. Der Chefinspektor würde außer sich sein! Ausgerechnet Miss Sophie! Aber was half's, er musste ihn informieren. Oggerty griff zum Telefon.

* * *

James wedelte mit seinem Straußenfeder-Mob über die marmorne Umrandung des Kamins. Eine Sisyphus-Arbeit. Vorsichtig bückte er sich und blickte den Schacht hinauf. Der durch dieses Monstrum verursachte grässliche Windzug wirbelte unablässig Staub in den Salon. Vielleicht ließ er sich mit einer Platte abdichten?

James stocherte mit dem Stiel des Staubwedels an der Kaminwand. Eine Rußwolke löste sich, und ein heftiger Hustenreiz übermannte ihn. Tränen schossen ihm in die Augen und hinterließen eine helle Spur auf seinem rußgeschwärzten Gesicht.

Nein, in diesen alten Gemäuern krachte und knirschte es an allen Ecken und Enden. Alles war baufällig und irgendwie marode. Wenn er nur an seinen Rheumatismus dachte! Den hatte ihm der ewige Zug in Rosen-Manor eingebracht. Selbst die Kerzen auf dem Tisch tropften um die Wette und verunstalteten die Tischdecken. Und wer, bitteschön, durfte die Wachsflecken am Ende wieder entfernen?

James griff den Wedel aus Straußenfedern wie einen Golfschläger und fixierte das Gemälde, das Earl Clifford of Peabody zeigte. Er holte weit aus und traf exakt den Rahmen. Das Bild schaukelte kräftig in die Höhe.

James grinste zufrieden. Schon seit Monaten hatte er den Eindruck, dass sich dieser Bursche da über ihn lustig machte. Ja, er lachte über seine Gefühle für Miss Sophie. Hämisch und herablassend. Wie es eben die Art dieser Adelsschnösel war.

Auch Miss Sophie konnte sich auf diese Weise über ihn lustig machen. Aber das würde er ihr schon austreiben.
James war guter Dinge. Eingenäht in den Saum seines Fracks trug er das Unterpfand ihrer Liebe immer bei sich. Ein einfacher Armreif zwar und von zweifelhaftem Wert, doch ihn umgab ihre Aura, in ihm hatten sich ihre Schwingungen gefangen.
Ja, es war ein Versprechen auf die Ewigkeit. Ein Symbol des ewigen Kreislaufs des Lebens, der durch die wahre und alles verzehrende Liebe immer wieder in Bewegung versetzt wurde.

James ließ sich schwer auf einen Stuhl fallen. Seine Gelenke schmerzten. Sollte er ausprobieren, was er unlängst in einem dieser Magazine gelesen hatte? Angeblich sollten Fingerringe aus schlichtem Kupfer helfen. Aber er traute sich nicht, sie zu tragen. Sicher hätte Miss Sophie sehr schnell herausgefunden, dass seine Knochen begannen, morsch zu werden. Rheumatismus machte einen Mann nicht gerade attraktiver.

* * *

Constabler Oggerty richtete sich kerzengerade auf.

Der Chefinspektor am anderen Ende der Leitung war aufgekratzt.

»Verstehe, Sir.«

»Oggerty, nun machen Sie sich mal nicht ins Hemd. Wahrscheinlich macht diese Miss Sophie nur auf armes Opfer, damit wir sie und ihren mörderischen Butler in einem anderen Licht sehen.«

»Ja, Sir.«

»Man kennt das doch. Kümmern Sie sich darum.«

»Ich, Sir?«

»Ist sonst noch jemand in der Leitung?«

»Nein, Sir.«

»Und bestellen Sie diesen Spinner zu Miss Sophie.«

»Spinner?«

»Na, diesen Winterbottom, diese wandelnde Wünschelrute. Unseren Fachmann in Sachen Okkultes, schwarze Magie, Alchemie und Teufelsanbetung. Dieser Typ, der im Olmen-Fall die Leichenteile in der Senffabrik gefunden hat. An dem wird unser altes Mädchen ihre Freude haben.«

»Und Sie, Sir?«

»Ich kann hier jetzt unmöglich weg, Oggerty. Ich bin den letzten Stunden von Lady Lastdrink ein gutes Stück näher gekommen.«

Oggerty hörte im Hintergrund laute Männerstimmen. Dazwischen Musikfetzen. Der Chefinspektor klang ein wenig undeutlich. Wäre es nicht geradezu undenkbar gewesen, Oggerty hätte seinen Chef für beschwipst gehalten.

»Sir, was sagen Sie?«

»Machen Sie Ihre Arbeit, Oggerty. Ich setze großes Vertrauen in Sie.«

»Oh, danke, Sir.«

Der Chefinspektor rülpste in den Hörer.

»Oggerty, sind Sie noch da? Hier ist gerade ein Luftballon geplatzt, den …«

»Ein Luftballon, Sir.«

»Oggerty, und nicht vergessen, ich bin undercover unterwegs. Halten Sie mich diskret auf dem Laufenden, altes Haus. Diskret.«

Oggerty betrachtete den Hörer. Nein, das war so gar nicht die Art seines Chefs. »Altes Haus.« DeCraven hasste derartige Vertraulichkeiten. Wahrscheinlich dienten sie seiner Tarnung.

Er hätte zu gern gewusst, ob der Chefinspektor tatsächlich einen sitzen hatte oder nur so tat, als ob er betrunken sei. Den Hintergründen, die zum Tod von Miss Kinkerley geführt hatten, kam man sicher nur im Trinkermilieu auf die Spur.

Aber was meinte der Chefinspektor damit, dass er sich um diese Erscheinungen in Rosen-Manor kümmern sollte? Nun, die Dienstvorschriften hatten nichts dagegen einzuwenden, dass er selbst aktiv wurde. Außerdem hielt er sich durchaus für befähigt, Licht in das Dunkel um den verschwundenen

Armreif und den zerschlagenen Porzellanhund zu bringen. Doch wie sollte er Miss Sophie die Abwesenheit des Chefinspektors erklären? Ein unbehaglicher Gedanke.

Er musterte den Zettel mit den Notizen, die er sich während des kurzen Telefonats mit dem Chefinspektor gemacht hatte. »Winterbottom«, stand da. Oggerty zog die Akten des Olmen-Falles aus dem Regal. Er erinnerte sich an die schrecklichen Umstände. Miss Olmen war tatsächlich in einem Mostrichfass ertrunken. Und nur dem als »Medium« in der okkulten Szene bekannten Mr. Winterbottom war es zu verdanken, dass sie nicht als Würstchenbeilage auf den Papptellern gelandet war. Nach einer seiner »Visionen« hatte man gerade noch rechtzeitig vor der Abfüllanlage die Leiche aus dem Senf gezogen.

Wer weiß, vielleicht hatte es dieser Fall doch in sich. Womöglich konnte man Miss Sophies Andeutung, da bahne sich ein Kapitalverbrechen an, als eine Art Prophezeiung deuten. Seine Frau Muriah würde jedenfalls mächtig stolz auf ihn sein, wenn es im gelänge, ganz ohne die Hilfe des Chefs einen wirklich wichtigen Fall zu lösen. Und was würde erst der Chefinspektor sagen?

* * *

James tupfte mit einem Geschirrtuch die Reste des Teesuds von dem Gemälde. Er hatte den Earl of Peabody genau am linken Auge erwischt. Nun sah der Jägersmann so aus, als wäre er in eine Rangelei mit einem Wildschwein geraten.

Kein Wunder, wenn einem schwer arbeitenden Mann bei einem derart hochnäsigen Grinsen der Geduldsfaden riss. Oh, wie hasste er diese piefigen Visagen, die es Miss Sophie so angetan hatten. James rieb heftiger auf dem Bild herum. Ein

Ratschen verhieß nichts Gutes. Vorsichtig drückte er die Leinwand zurecht und stieg von der Anrichte. Mit einem bisschen Klebstoff und Leim würde sich das eins, zwei, drei wieder richten lassen.

Auch wenn Miss Sophie sich unnahbar gab, er trug das Unterpfand ihrer Liebe an seinem Herzen. Im Saum seines Frackrevers. Es war das Symbol seines Ja-Wortes, das er ihr in der Stille seines Herzens gegeben hatte.

James hob die beiden Leuchter an und wischte unter ihnen Staub. Mit größter Konzentration widmete er sich dem Polieren der vier Portwein-Gläser.

Grollend zog der Gong durchs Haus. James zuckte zusammen und ließ ein Glas fallen. Klirrend zersprang der Kelch in tausend Scherben. Nie würde er sich an dieses donnernde Geräusch gewöhnen! Der Konstrukteur der Glocke musste ein Verehrer Richard Wagners gewesen sein. Ein Ungetüm aus Walhalla hatte er da geschaffen. Eilig zog er ein Tuch aus der Tasche und schob die Scherben hinein. Plötzlich tropfte Blut auf den Teppich. Notdürftig wickelte James ein weiteres Taschentuch um den verletzten Finger.

Erneut rollte der Gong durch Rosen-Manor.

James brummte ein »Ja, ja« und schlurfte zur Tür.

Der Mann mit dem schwarzen Umhang musterte ihn mit starrem Blick. James wollte die Tür wieder schließen, doch irgendetwas hielt ihn zurück, zog ihn magnetisch in den Bann dieses Mannes. Vor sich sah er diese buschigen Augenbrauen und in den Augen zwei dunkle Bergseen, in denen man ertrinken konnte.

»Sir?«

»Winterbottom mein Name, Mr. Winfrid Winterbottom. Man sagte mir im Yard, dass ich angemeldet sei. Es geht um diese unerklärlichen Vorkommnisse in Rosen-Manor.«

Seine Stimme war tief und ließ keinerlei Unsicherheit erkennen.

»Bitte folgen Sie mir«, sagte James und führte Mr. Winterbottom in den Salon.

Winterbottom nahm auf einem der Stühle Platz und wartete.

James wusste nicht so recht, was er von diesem Besucher
halten sollte.

Seltsame Gestalten schneiten in dieses Haus.

Zwei Minuten später wehte Miss Sophie in ihrem safran-
gelben Kleid in den Salon.

James bemerkte, dass sie wieder einmal entschieden zu viel
Rouge aufgelegt hatte. Auch war ihre Stimme zu hoch. Direkt
unnatürlich. Blasiert.

»Mr. Winterbottom, willkommen in meinem Haus. Einen
Fachmann für Okkultes habe ich mir allerdings ganz anders
vorgestellt.«

»Hätte ich auf einem Besen einreiten sollen, Miss Sophie?«

»Und auch noch Humor!«

»Nun, Miss Sophie, ich bin ein Mensch mit gewissen medi-
alen, von der modernen Wissenschaft nicht zu greifenden Fähigkeiten. Aber deswegen bin ich noch lange keine Jahr-
marktattraktion. Manchmal staune ich selbst, was da alles
aus mir herauskommt.«

Beide kicherten. James wusste nicht, was daran lustig sein
sollte. Miss Sophie schien Gefallen an diesem Mann zu finden. Sie begann zu lispeln!

»Mr. Winterbottom, Sie sind also eine Art Geisterjäger?«

»Geister sind auch nur das, was wir selbst sind. Eine Bün-
delung von Energien, die ein paar Jahrzehnte hält, weil sie
immer im Fluss ist. Geister sind nur etwas, sagen wir, ›durch-
lässiger‹. Da zählt man in Jahrhunderten.«

»Und ein Philosoph sind Sie also auch!«

150

Miss Sophies Stimme wurde noch heller, Mr. Winterbottom brummte.

»Das ist übertrieben. Es gibt Dinge, die sind unsichtbar und beeinflussen doch unser Wohlergehen. Wissen Sie, das ganze Geheimnis ist: Im Jenseits geht's ähnlich zu wie hier. Jede Menge Eifersucht und Intrigen, Geiz und Missgunst, na ja, und wenn das überhand nimmt, dann schwappt diese Energie eben auch auf unsere Welt über.«

Andächtig lauschte Miss Sophie Winterbottoms Ausführungen. »Überaus interessant, eine nette Vorstellung«, sagte sie mit einem koketten Unterton. »Mir ist zu Ohren gekommen, dass Sie Scotland Yard beim Auffinden einer Leiche hilfreich unter die Arme gegriffen haben.«

»Nun ja, ich konnte ein wenig nützlich sein.«

»Und was spüren Sie in diesen Räumen?«

Mr. Winterbottom zog eine kleine Wünschelrute aus seinem Jackett. Er erhob sich und schritt durch den Salon. Zuerst am Kamin und dann auch in der Nähe der Ahnengalerie schlug die Rute kräftig aus. Mr. Winterbottom stieß einen überraschten Pfiff aus. James war sicher, dass diese Einlage ein fauler Trick sein musste.

Als sich Winterbottom dem Porzellanreh näherte, das Sir Toby Miss Sophie geschenkt hatte, war die Rute kaum noch zu halten.

»Donnerwetter«, entfuhr es Mr. Winterbottom. »Hier hat sich ja ein richtiges Energiegewitter zusammengebraut.«

Als er zu den Schlafgemächern hinaufstieg, begann die Treppe sofort heftig zu vibrieren. James schluckte, und Miss Sophie zog irritiert die Brauen in die Höhe.

»Sicher nur eine Art unterirdischer Erdrutsch«, sagte sie. »Vielleicht gibt es in der Nähe eine stillgelegte Grube, die in sich zusammengestürzt ist.«

»Das wäre ein seltsamer Zufall«, entgegnete Winfrid Winterbottom. »Allerdings habe ich tatsächlich gehört, dass es hier Stollen aus keltischer Zeit geben soll. Tausende von Jahren alt. Und dann diese alten Bäume auf ihrem Grundstück. Vielleicht sitzen da noch ein paar Mistel schneidende Druiden in den Kronen, die im Laufe der Jahrhunderte vergessen wurden.« Mr. Winterbottom lachte.

James, der sich mit dem Sortieren der auf der Vitrine stehenden Flaschen beschäftigt hatte, horchte auf. »Stollen«, hatte dieser Winterbottom gesagt. Stollen, das hatte etwas mit Kohle oder gar Gold zu tun. Und wer Kohle oder Gold hatte, der war reich, und war man erst reich, dann gab es keine Standesunterschiede mehr. Ja, trotz der schlechten Behandlung, die Miss Sophie ihm zuweilen angedeihen ließ, war er bereit, sie aus ihrer uneingestandenen finanziellen Misere zu befreien. Er würde ihr mit dem in Aussicht stehenden Geld eine lichte, sorgenfreie Zukunft bereiten. Baden würde er sie in Gold.

Mr. Winterbottom runzelte die Stirn.

»Mir scheint, die Mauern von Rosen-Manor haben seltsame Dinge erlebt. Wenn ich es so formulieren darf: Da wird uns ja aus dem Jenseits regelrecht zugebrüllt.«

»Glauben Sie?«, fragte Miss Sophie.

»Unbedingt«, antwortete Mr. Winterbottom. »Hat es in letzter Zeit Todesfälle in Ihrer Verwandtschaft oder unter Freunden gegeben?«

Miss Sophies Gesicht wurde aschfahl. Hilfesuchend blickte sie sich zu James um.

Der Butler wischte weiter auf dem Tisch herum und begann ein Lied zu summen.

Ohne eine Antwort abzuwarten, zog Mr. Winterbottom mit seiner zappelnden Wünschelrute weiter durch den Salon.

Miss Sophie bat darum, sich verabschieden zu dürfen. Sie wolle bei der Arbeit nicht stören und leide zudem schon seit Stunden an einer fürchterlichen Migräne.

Mr. Winterbottom war so in seine Arbeit vertieft, dass er keine Notiz davon nahm.

James konnte seine Neugier nicht länger verbergen.

»Müssen wir nun ewig mit der Rache irgendwelcher Geister rechnen?«, fragte er.

»Nur keine Angst, James. Geister sind friedlicher, als man denkt.«

»Tatsächlich, Sir?«

»O ja, man kann sich sogar richtig mit ihnen anfreunden.«

»Nicht zu glauben, Sir.«

»Ja, wir Menschen sind da im Vorteil. Wenn wir es richtig anstellen, müssen sie sogar freundlich und hilfreich zu uns sein.«

»Freundlich und ... Heißt das, dass sie einem dann unter die Arme greifen? Immer, wenn man sie braucht?«

James stierte Winterbottom ungläubig an, doch der antwortete nicht, sondern fuhr fort, die Energiebündel im Salon zu erforschen.

»Nun, James«, sagte er schließlich, »man muss sich mit gewissen Ritualen auskennen. Dann werden sie sich natürlich immer noch etwas zieren, aber wehren können sie sich nicht.«

In James' Gehirn schossen die Gedanken hin und her. Sie hinterließen hier ein Wetterleuchten, dort einen strahlenden Einschlag. Dann wieder loderten sie auf wie ein alles verzehrendes Feuer und schlugen eine Schneise zu Miss Sophie.

Ja, wir Menschen sind nicht allein, dachte James. Und diese Geister, Gespenster, Energien konnten treue Helfer sein. Was für eine Aussicht! Wenn sie aus dem Jenseits heraus in der

Lage waren, Stühle zu verrücken und Treppen zum Vibrieren zu bringen, um wie viel einfacher war es dann für sie, das Herz einer Frau zu entflammen. Ein Klacks. Eine Geister-Kleinigkeit. Mit einem Fingerschnippen zu erledigen. Man musste ihnen nur auf die Schliche kommen, nur die Rituale beherrschen.

»Wir werden sie ein wenig besänftigen«, sagte Mr. Winterbottom mit seiner sonoren Stimme. Er zog ein Räucherstäbchen aus seinem Jackett und entzündete es. Der Rauch schwebte in kleinen Ringen durch den Raum. James sah ihnen nach und plötzlich konnte er *es* deutlich erkennen. Ja, da war es! Etwas Unfassbares, Unsichtbares brachte die kleinen Rauchgebilde zum Drehen.

* * *

Draußen färbte der Herbst die Blätter und ließ sie in Braun- und Rottönen entflammen. Die Abende wurden kürzer, und ein kalter Wind fegte über das flache Land. Einige Bauern waren mit Traktoren und Pferdegespannen auf ihren Feldern unterwegs und bereiteten diese auf den Winter vor. Auf einem Baum hatte sich ein Schwarm Krähen niedergelassen. In der Kühle des Abends zogen sie ihre Köpfe tief in die Gefieder zurück.

Oggerty machte sich immer noch Sorgen um den Chefinspektor. Er hatte sich nach ihrem Telefonat gestern nicht mehr gemeldet. Das passte gar nicht zu ihm.

Auf gut Glück war Oggerty zum »Schwan« in der Acre Lane gefahren. Dann war er unauffällig einem Mann gefolgt, der hinüber in den »Goldenen Hahn« getorkelt war. Von seiner Statur und dem Äußeren ähnelte er dem Chefinspektor. Zweimal war der Mann gegen Mülltonnen gelaufen. Zu-

155

nächst hatte Oggerty wegen des zerrissenen Mantels an eine Verwechslung geglaubt, doch dann war der Mann unter eine Laterne getreten. Kein Zweifel, es war der Chefinspektor, der sich da volltrunken einen Weg durch die Nacht bahnte.

Sein Chef war bewundernswert. Er steckte bis zum Hals in dieser Undercover-Arbeit, und er gab alles. Hatte sich in das Trinker- und Kriminellen-Milieu eingeschlichen, nein, einge-spült, um Licht in den Fall der toten Miss Kinkerley zu brin-gen. »Mitgehangen, mitgefangen«, wie der Chefinspektor immer sagte.

Auch er musste jetzt seine Aufgabe erfüllen. Oggerty scheuch-te mit der Hupe zwei Schafe von der Landstraße und drückte das Gaspedal durch. Es müsste doch mit dem Teufel zugehen, wenn sich dieser Armreif nicht auffinden ließ! Genauso wie der Urheber des zerschlagenen Porzellanhundes. Wäre doch gelacht.

Wie gerne hätte er den Chefinspektor darüber informiert, dass nach seiner Recherche Miss Kinkerley ebenfalls aus Blackpool stammte. Vielleicht hätte ihm das weitergeholfen. Andererseits war auch gut möglich, dass der Chef beim Wort »Blackpool« einen seiner gefürchteten Wutanfälle bekam. Auszuschließen war es jedenfalls nicht. An eine cholerische Ader bei DeCraven hatte er sich inzwischen gewöhnt. So war es eben bei Menschen, die mit einem außergewöhnlichen Talent gesegnet waren. Nicht gerade die einfachsten Zeit-genossen. Und ziemlich einsam.

Nein, da hatte er es mit seiner Frau und den Kindern in der gemeinsamen Wohnung in der Doughty Street viel schöner. Und gemütlicher. Er lebte gern in Bloomsbury. Nach dem Zwischenfall mit dem Netzhemd und der Lacklederhose hat-ten sie sich wieder versöhnt. Dennoch, Muriah kontrollierte seither jeden Abend die Taschen seiner Kleidung.

Vielleicht würde das gegenseitige Vertrauen vollständig wiederhergestellt, wenn er ihr mit der Lösung eines Falles imponierte. Zumindest würde er mächtig in ihrer Achtung steigen. Zumal sie felsenfest davon überzeugt war, dass der Chefinspektor gar nicht zu schätzen wusste, welch wertvollen Mitarbeiter er da an seiner Seite hatte. Ja, er wollte besonders gründlich vorgehen. Der Chef würde Augen machen. Und Muriah auch.

* * *

»Geschickte Finger«, murmelte James. Der Salon war in dämmriges Licht gehüllt. Miss Sophie hatte die schweren Samtvorhänge vor die Fenster gezogen und einen Kerzenlüster entzündet. Durch die Bewegung der Vorhänge roch es irgendwie muffig. Warum konnte man diesen löchrigen Lappen vor den Fenstern nicht ihre Ruhe gönnen? Die waren doch sicher nicht mehr bewegt worden, seit Julius Cäsar in Rom einem Attentat zum Opfer gefallen war. Morgen durfte er dann wieder die zentimeterdicke Staubschicht beseitigen. Die hatten hier ihren Spaß, und an ihm blieb all die Arbeit hängen. Typisch.

Mr. Winterbottom mischte noch einmal die Tarotkarten und bat James abzuheben. Er schüttelte die Hände aus.

»Reinigt von schlechter Energie«, erklärte er.

James verstand nicht, warum ausgerechnet ihm die Karten gelegt werden sollten. Doch Mr. Winterbottom hatte darauf bestanden. Miss Sophie beobachtete die Prozedur von ihrem Ohrensessel aus. Gelangweilt streifte sie sich weiße Handschuhe über. Wie diese Lady Macbeth, dachte er. Hatte die nicht immer mit irgendwelchem Blut an den Händen zu kämpfen?

James zupfte an seinen Fingernägeln und warf einen Seitenblick hinüber zu diesem Oggerty. Nicht nur Miss Sophie beobachtete ihn, auch dieser Constabler war vor ein paar Minuten eingetrudelt und saß sich den Hintern breit. Hatte an der Tür vorgegeben, im Auftrag von Miss Sophie Untersuchungen anzustellen. Lächerlich. Die hatten im Yard anscheinend nichts zu tun.

Was sollte der ganze Zauber? Alles wegen dieses in Öl hingeschmierten Urahnen von Miss Sophie, der ihm aus Versehen heruntergefallen war? Und dann dieser hässliche Porzellanhund. Eine Zumutung für jeden guten Geschmack. Froh konnte sie sein, dass er ihre Augen nicht mehr beleidigte. Mr. Winterbottom drehte eine Karte um.

»So, so, da haben wir den Turm im Zentrum. Nun ja, ein wenig verschlossen, aber das gehört wohl zum psychologischen Inventar eines britischen Butlers.«

Mr. Winterbottom warf James einen wohlwollenden Blick zu. Er mischte noch einmal die Karten und zog einen schwar-

zen Ritter aus dem Kartendeck. Mit in Falten gezogener Stirn murmelte er Unverständliches, das in James' Ohren ein wenig bedrohlich klang.

Wieder wurde gemischt, und Mr. Winterbottom zog eine weitere Karte. James trommelte auf die Tischkante. Angeblich hatte jede einzelne dieser bunten Pappdinger etwas mit seinem »Persönlichkeitspsychogramm« zu tun. Typisch, wenn sie nicht weiterwussten, kamen sie mit Fremdwörtern.

»Jetzt drehen Sie die Karte«, sagte Mr. Winterbottom.

Unwillig schnippte James die Karte um. Zum Vorschein kam ein Gerippe, das mit hocherhobener Faust eine Sense von sich streckte. James riss den Arm zurück. Mr. Winterbottom stieß einen scharfen Pfiff aus.

»Der Tod«, sagte er. »Keine Sorge, James, diese Karte bedeutet in der Regel nicht den eigenen Tod, auch wenn der uns sicher einiges zu sagen hat. Interessant, sehr interessant.«

Miss Sophie schnäuzte leise in ihr Taschentuch.

»Nun«, sagte Mr. Winterbottom, »wir dürfen das getrost als eine Nachricht aus dem Jenseits ansehen. Nur, was hat sie uns zu sagen?«

James zog die Hände vom Tisch. Suchend blickte er sich um. Irgendetwas Kaltes hatte seinen Nacken berührt. Er musste hier weg. Sollten sie ihr Affentheater doch allein weiterspielen. Ihm war einfach nicht nach Kartenumdrehen.

»James, keine Sorge, da will uns jemand etwas mitteilen. Und Sie sind das ideale Medium.«

»Ich?«

»Nun, nach den Karten und meiner Wünschelrute steckt mehr hinter Ihrer Butlerbrust, als man auf den ersten Blick vermutet. Da gibt es neben der diensteifrigen, aufopfernden Seele auch einen äußerst sensiblen, ja, ich möchte fast sagen, äußerst feinsinnigen Zug.«

Miss Sophie räusperte sich vernehmlich, doch Winterbottom fuhr fort:

»Ein feinstofflicher Kanal …«

Miss Sophie hielt es nicht länger auf ihrem Stuhl.

»Mr. Winterbottom, ich glaube, meine Migräne ist gerade wieder im Anzug. Ich werde mich in mein verdunkeltes Schlafzimmer zurückziehen.«

Mr. Winterbottom küsste die ihm entgegengestreckte Hand.

»Aber sicher, Miss Sophie, ich werde Sie auf dem Laufenden halten.«

Als sie den Salon verlassen hatte, wandte sich Mr. Winterbottom wieder James zu. Oggerty registrierte jede Bewegung dieses Okkultismusexperten. Klar hatte der einige Tricks drauf, aber vielleicht steckte doch mehr dahinter. In Situationen wie dieser hieß es, wachsam zu sein.

Winterbottom blätterte in einem alten Buch, das er aus einem kleinen Köfferchen gezogen hatte.

»Wo waren wir stehen geblieben, ach ja, neben dieser pflichtbewussten Seele gibt es da einen edlen, vornehmen Charakter in Ihnen, einen Ritter, der …«

James rutschte unruhig auf seinem Stuhl hin und her. Das war wieder einmal typisch. Da attestierte man ihm tief in seinem Innern verborgen einen edlen Charakter, und Miss Sophie lag in ihrem Schlafzimmer. Taub gegen alle Regungen wahrhaftiger Gefühle, ja, mit Blindheit geschlagen, was ihn und seine vornehmsten Charakterzüge betraf! Eine Schande.

»Und dieser Sensen…«

»Der Tod«, sagte Winterbottom. »Ja, das ist seltsam. Es sieht so aus, als würden durch diesen Raum eine oder mehrere Seelen geistern, die noch etwas auf dem Herzen und hier ihren Frieden noch nicht geschlossen haben.«

James schluckte.

»Keine Sorge, James, wir werden die Geister schon zur Ruhe bringen. Da gibt es Mittel und Wege ...«

»Und die können dann etwas für mich tun?«

»O ja. Doch zunächst müssen offene Rechnungen beglichen, muss die Harmonie wieder ausbalanciert werden.«

»Muss das sein?«

»Nun, sagen wir, es ist günstiger für ...«

»Und anders geht es nicht?«

»James, wir werden sie zur Ruhe bringen. Und dann können diese Kräfte Ihre besten Freunde sein. Zur Zeit ist atmosphärisch in Rosen-Manor einiges durcheinander geraten.«

Winterbottom lächelte ihn an.

»Das biegen wir wieder hin.«

Mr. Winterbottom zog ein goldenes Pendel aus der Tasche und ließ es über dem Tisch schwingen. Wild zuckte es zu James hinüber, dann zu den Ahnenbildern. James sprang auf und verbarg sich hinter einer Stuhllehne. Aus der kreisenden Bewegung entstand ein Wirbeln. Winterbottom ließ es los, und das Pendel flog mit einem Krachen gegen die Stuhllehne.

Oggerty rieb sich die Augen. Zu gern hätte er gewusst, wie Winterbottom das gemacht hatte. So ein Trick musste jahrelange Übung erfordern.

»Und sie lassen sich wirklich beruhigen?«, fragte James, immer noch hinter der Stuhllehne.

»Auch Geister können brav sein. Wie Schoßhündchen. Man muss nur die richtige Leine haben.«

Mit einem Knirschen krachte das Porträt des Earl of Peabody auf das Buffet. Ein Weinglas zersplitterte. Auch Oggerty sprang jetzt von seinem Stuhl hoch.

Mr. Winterbottom hob gebieterisch die Arme.

»Ich befehle euch Ruhe! Schluss mit dem Getöse.«

Er wandte sich an Oggerty.

»In diesen Räumen scheint es einen regelrechten Massenauf-
lauf von ruhelosen Seelen zu geben.«

»Massen?«, fragte Oggerty.

»Nun, ich spüre zumindest drei Energiefelder.«

Winterbottom zog drei Stühle unter dem ausladenden Esstisch hervor und tat so, als weise er den unsichtbaren Gästen
einen Platz zu. James war sich plötzlich gar nicht mehr sicher,
ob der Mann noch alle Tassen im Schrank hatte.

Winterbottom fuhr fort, die drei unsichtbaren Gestalten auf
ihre Stühle zu geleiten. Dabei bewegte er den Mund, als rede-
te er mit ihnen.

»Es ist äußerst wichtig, Geister zuvorkommend zu behandeln, dann müssen sie es einem gleichtun. Besonders, wenn
ihnen Stühle und ein Platz am Tisch angeboten werden«,
sagte er laut.

»Das heißt, sie müssen annehmen und sich dann anstän-
dig ...« James kratzte sich die stoppelige Wange.

»Unbedingt. Drüben auf dem Festland, in Nordfriesland, gibt
es den Brauch, dass man für alle Seeleute, die draußen geblieben sind, einen Stuhl frei hält. So etwas besänftigt sie.«

»Selbst, wenn sie gar keine Lust haben, sich besänftigen zu
lassen?«

Winterbottom nickte, rückte einen Stuhl vorsichtig an den
Tisch und fuhr fort: »In einigen asiatischen Ländern wird den
toten Ahnen sogar ein Fest ausgerichtet. Mit Essen, kleinen
Geschenken und Trinkritualen. Geister mögen das.«

Auch Oggerty hatte noch eine Frage: »Und wie hält man sich
die Geister vom Leib, wenn sie mal nicht so gut ... Ich meine,
wenn sie einem ... Na, Sie wissen schon.«

Mr. Winterbottom verneigte sich leicht vor einem leeren
Stuhl.

»In Asien gibt es kleine Häuschen, die extra im Freien aufgestellt werden. So dicht will man die Geister natürlich nicht auf der Pelle haben, aber manchmal werden sie auch ins Haus eingeladen. Im Übrigen helfen Respekt, Höflichkeit und einige Rituale.«

Im Salon kehrte Ruhe ein. Winterbottom entschuldigte sich, er müsse diese Sitzung jetzt beenden, denn es gebe weitere eilige Fälle, zu denen er hinzugezogen worden sei. Er versprach, in den nächsten Tagen vorbeizuschauen, um dann mit allen Beteiligten gemeinsam weiter zu erkunden, was den Geistern fehlte.

Kurz bevor er Rosen-Manor verließ, wandte er sich noch einmal an den Butler. »Ach, James, Sie können durchaus etwas vorarbeiten. Versenken Sie sich in einen tranceartigen Zustand und versuchen Sie, Kontakt aufzunehmen. Sie sind ein vortreffliches Medium.«

»Ein tranceartiger Zustand, Kontakt …? Aber wie …?«

»Nehmen Sie etwas zu Hilfe.«

»Zu Hilfe?«

»Nun, manchmal kann auch ein ordentlicher Schluck Whisky nützlich sein. Schließlich heißt es nicht umsonst ›geistiges Getränk‹. Und, James, hängen Sie drei leere Bilderrahmen in den Salon. Das wird unseren Gästen von drüben gefallen.«

* * *

Oggerty strich durch die Pubs von London. Er hatte sich vorgenommen, möglichst unauffällig an den Chefinspektor heranzukommen. Diese Geisterbeschwörung war ihm gehörig in die Glieder gefahren. Wenn es um Geister ging, dann waren das genau genommen Tote, und für Tote und Vermisste war im Yard nun mal ihre Abteilung zuständig. Der Chefinspektor musste eingreifen.

Außerdem hatte er bei einem kurzen Blick in den Kamin weitere Porzellanscherben entdeckt. Diesmal von einer anderen Figur. Er tippte immer noch darauf, dass hinter diesen Spukgeschichten ein Komplott steckte. Doch gegen wen konnte es gerichtet sein? Ging es um Erpressung? Auszuschließen war das nicht.
Er hatte die ganze Zeit über diesen Butler scharf im Auge behalten, und eines war ihm dabei aufgefallen: Der Mann war heller im Kopf, als es den Anschein hatte. Allein seine Fragen an Mr. Winterbottom! Fast hatte er geklungen, als strebte er selbst eine Laufbahn als Geisterdompteur an.
Oggerty suchte verschiedene Pubs auf, doch nirgends konnte

er eine Spur von Chefinspektor DeCraven entdecken. Am liebsten hätte er nach ihm gefragt, doch das war unmöglich. Schließlich war er undercover unterwegs. Wahrscheinlich hatte er sich nach Piccadilly und Westminster nun in einen anderen Stadtteil vorgearbeitet. Auf der feuchten Trinkerspur von Miss Kinkerley.

* * *

Geistiges Getränk! Dieser Winterbottom lag goldrichtig, und auch er, James, hatte es ja immer gewusst: Ein ordentlicher Schluck Whisky konnte nicht schaden. Im Gegenteil: Er verhalf sogar zu höherer Erkenntnis und zu Erfahrungen, die normalen Sterblichen für immer verschlossen bleiben mussten. Nein, in ihm steckte weit mehr. Seine Liebe zu Miss Sophie, das war keine Liebe zwischen Lakai und Herrin, nein, da hatten sich verwandte edle Seelen getroffen. Die Mächte in den Zwischenreichen würden ihm das bestätigen.

James leerte das Glas in einem Zug und ließ sich auf sein Bett fallen. Langsam dämmerte ihm, dass die ganze Angelegenheit einen Haken hatte. Durch seinen regelmäßigen Alkoholkonsum war eine gewisse Gewöhnung nicht zu leugnen. Und die störte zweifellos seinen Kontakt zu den anderen Welten.

Ratlos blickte er sich in seinem Zimmer um. Auf dem kleinen Waschtisch stand noch das Gesundheitselixier, das Mr. Pommeroy aus einer wohldosierten Mischung von Holunderbeeren, Vogelbeeren, diversen Pilzen und Sternanis gemischt hatte. Auch Thymian, Muskatnuss und allerlei fremdländisch klingendes Zeug waren darin. Einen halben Teelöffel täglich davon hatte der selige Archibald Pommeroy ihm zur Stärkung der Abwehrkräfte und zum Aufbau der Muskeln verordnet. Keinesfalls mehr. Gleich daneben stand die Hagebutten-Tollkirsch-Salbe, auf die Mr. McKinseys Großmutter geschworen hatte. Eigentlich sollte er sich damit jeden Tag seine Gelenke einreiben. Allerdings hatte das scharfe Zeug bei ihm einen heftigen Juckreiz ausgelöst, so dass er lieber darauf verzichtete.

James gab Salbe und Gesundheitselixier in die Wasserkaraffe. Dann füllte er die Mixtur mit seiner Reserveflasche Whisky auf. Während er mit einem Kleiderbügel umrührte, entdeckte er die Möbelpolitur auf seinem kleinen Arbeitstisch. Das Etikett versprach »den Glanz Ihrer Träume«. James ließ ein wenig Spritzer hineintropfen, dann überlegte er es sich anders und goss den gesamten Flascheninhalt in die Karaffe. Im Umgang mit den jenseitigen Welten durfte man nicht kleinlich sein. Vorsichtig prüfte er das Gebräu. Schmeckte gar nicht mal übel.

Er goss die Flüssigkeit in seinen Zahnputzbecher und machte es sich damit auf dem Bett bequem. Es musste wohl das siebente oder auch neunte Glas sein, das die Tür zu seiner Kammer öffnete. Ein milder Wind blies einige Blätter und dann eine ganze Wiese hinein. Sie legte sich sanft über den Läufer und duftete frisch. Von fern hörte er das Stampfen von Pferdehufen. Der Wind heulte auf und peitschte die Äste des Ahorns, der direkt über dem Waschtisch in den Himmel ragte.

Schnaufend und wiehernd kam ein schweißnasses schwarzes Pferd einen Meter vor ihm zum Stehen. Auf seinem Rücken saß ein Ritter in einer weißen Porzellanrüstung. James beugte seinen Kopf tief hinunter auf die Wiese und erwartete demütig den Hieb mit dem Schwert. Doch nichts geschah. Zögernd richtete er sich wieder auf. Der Ritter schob sein Visier hoch, und James glaubte, Mr. Winterbottom zu erkennen, aber das konnte nicht möglich sein.

»Nun, Merlin?«, sagte die Stimme.

»James McMullen«, sagte James.

»Merlin in der Gestalt von James«, sagte die Stimme.

James schluckte. War das seine eigentliche Berufung? »Initiation«, hatte Winterbottom das genannt. War es der große Magier Merlin persönlich, der da tief verborgen in seiner Seele geschlummert hatte? Der größte Zauberer aller Zeiten? Nicht übel.

»Wenn ich um Ihren Namen bitten dürfte?«

Der Ritter lachte donnernd.

»Aber, Merlin, erkennst du deinen Freund nicht mehr? Ich bin es doch, König Artus.«

James schluckte. Wenn er sich doch nur besser in dieser verdammten Sagenwelt auskennen würde. Highlander und Lowlander, die dunklen Zeitalter, Sherwood Forest ... nein, das gehörte nicht dazu. Krampfhaft versuchte er, sich zu erinnern. Es musste das Feenreich der Insel Avalon sein. Bestimmt. Avalon, das hatte er doch schon als Kind so gemocht. Voller schöner Frauen in wallenden Gewändern, wärmende Feuer, friedliche Schafe, Nebel zum Verstecken ... und König Artus hatte irgendetwas mit einem Gefäß zu tun. Genau, der heilige Gral! Der Mann war auf der Suche nach dem heiligen Gral, und er war Vorsitzender der Tafelrunde. Merlin stand ihm beiseite und natürlich ...

Drüben löste sich ein Schimmel vom Waldrand und galoppierte auf sie zu. Elfengleich saß sie in ihrem weißen Umhang auf dem Schimmel. Fee Morgana, die Schwester und Beschützerin von Artus. Mit einer grazilen Handbewegung hob sie ihren Schleier aus dem Gesicht. James wich jäh zurück. Kein Zweifel, dort auf dem Pferd saß niemand anderes als Miss Sophie.

»Merlin höre: Mein Schutzschild wird immer über dich wachen.«

König Artus zog sein Schwert aus der Scheide.

»Und Excalibur wird dich beschützen. Auf Leben und Tod.«

James nickte stumm. Das mit der Geisterbeschwörung klappte ja wie am Schnürchen.

»Folge mir und suche den heiligen Gral.«

Ein Sonnenstrahl brach durch die Wolkendecke und hüllte Artus alias Winfrid Winterbottom in strahlendes Licht. Nebel wallten über der Wiese auf, wurden immer dichter, und James hörte das hämische Kichern von drei Stimmen.

»Nein, keine Hexen«, sagte er beschwörend, als wolle er den Spuk und damit auch seine Angst vertreiben. Drei schwarze Ritter stampften in scheppernden Rüstungen auf ihn zu. König Artus war verschwunden. Einer der Ritter trug eine gewaltige Streitaxt, der andere einen Pfeil und der dritte eine Armbrust. Ihr Lachen schwoll zu einem Brüllen an. Nacheinander schoben sie ihr Visier in die Höhe, und James wich zu Tode erschrocken zurück. Vor ihm standen Sir Toby, Admiral von Schneider und Mr. Pommeroy.

* * *

Oggerty kaute an einer interessanten Idee. Verbarg sich hinter den verrutschten Gemälden und dem verschwundenen Armreif nur die Spitze eines Eisbergs? Wurde da gerade ein Versicherungsbetrug inszeniert? Mit Hokuspokus, Geisterbeschwörung und allem Drum und Dran? Ja, vielleicht hatte man ihn nur aus fadenscheinigen Gründen nach Rosen-Manor gelockt, um einen über alle Zweifel erhabenen Zeugen vorweisen zu können. Doch worin bestand das eigentliche Verbrechen?

Oggerty würde wachsam und unbestechlich bleiben. Gegen seine Theorie sprach, dass der Chefinspektor selbst Mr. Winterbottom als Sachverständigen vorgeschlagen hatte. Und noch etwas lag völlig im Dunkeln. Gab es einen Zusammenhang mit den anderen Mordfällen im Umfeld von Miss Sophie und ihrem Butler James? Wenn sich doch nur der Chefinspektor bald melden würde.

Ein Bürobote brachte ihm die Akte im Fall Kinkerley. Als Oggerty sie hinüber zum Schreibtisch des Chefinspektors tragen wollte, flatterte ein Blatt zu Boden. Der Obduktionsbefund. Die Pathologen hatten in ihrem Magen keineswegs einen leichten Imbiss aus einem Pub gefunden. Nein, sie hatte vor ihrem Tod fürstlich gespeist. Zumindest hatte man Reste von Hummer, Flusskrebsen, Trüffeln und Kaviar in ihrem Leib festgestellt. Für eine Frau ohne festen Wohnsitz und mit zwei halb leeren Flaschen minderwertigen Gins in einem Einkaufsbeutel sicherlich ein außergewöhnlicher Festtag.

* * *

James hatte das Gefühl, als würde eine Armee schwer bewaffneter und zu allem entschlossener Ameisen versuchen, die Innenseite seines Schädels aufzustemmen. Ein derart gewaltiger Kater hatte ihn lange nicht mehr ereilt. Bei geschlossenen Vorhängen versuchte er, auf seinem Bett zur Besinnung zu kommen. Gut, er hatte ein paar Gläser zu viel von diesem Gebräu zu sich genommen, doch eigentlich verbargen sich dahinter völlig gesunde Absichten. Woher nur dieser Schädel? Allmählich dämmerten vage Erinnerungen herauf: die Wiese, König Artus und Fee Morgana. Und dann diese schrecklichen Gestalten! Irgendwie kam es ihm überhaupt nicht wie ein Traum vor. König Artus und Fee Morgana hatten leibhaftig vor ihm gestanden, wie in zwei Stunden auch Miss Sophie vor ihm stehen würde.

Doch dann diese drei schwarzen Ritter! Was hatten Sir Toby, Admiral von Schneider und Mr. Pommeroy noch in Rosen-Manor zu suchen? Hatten sie nicht genug Unruhe in ihr Leben gebracht?

Wenn nur diese entsetzlichen Kopfschmerzen nicht wären. »Vater des Schmerzes, Mutter der Glückseligkeit«, sagte eine Stimme in ihm.

Auch wenn seine Phantasie verrückt spielte, dieser Winterbottom hatte Dinge auf Lager, die er sich vor einer Woche nicht hatte träumen lassen. Allein dieses Kamasutra, die Vereinigungspraxis, von der er vor kurzem geredet hatte. Darüber musste er Näheres erfahren. Willenlos würde Miss Sophie dahinschmelzen. Willenlos. So viel war sicher. Der Mann hatte ihm erzählt, dass er eine Sammlung äußerst delikater Stiche mit Beispielübungen besaß.

Ja, es gab da mehr Dinge zwischen Himmel und Erde, als er für möglich gehalten hätte. Da hieß es in ganz neuen Dimensionen denken. Die Zeichen der Zeit erkennen. Die Energien des Kosmos nutzen.

Wenn er die Ausführungen von Mr. Winterbottom richtig verstanden hatte, dann konnte man sich die Geister, die in der näheren Umgebung herumspukten, dienstbar machen. So wie Mr. Winterbottom sich König Artus dienstbar gemacht hatte. Welch ungeheuren Möglichkeiten! Und so praktisch. Schließlich könnte so ein Geist durch die ihm verschlossene Tür des Schlafgemachs von Miss Sophie huschen und ihr ein Bündel wunderbarer Träume einhauchen. Aufrüttelnde Erlebnisse, tiefe Erfahrungen und ehrliche Gefühle, bei denen einmal nicht diese verzogenen Schnösel und Möchtegern-Kavaliere die Hauptrolle spielten. Dieses ganze Inzuchtgesocks. Nein, er, James, würde durch ihre Träume reiten.

In einem dieser Magazine hatte er von diesem österreichischen Professor Sigmund Freud gelesen. Vielleicht sollte er einmal eines seiner Bücher lesen. Konnte sicher nicht schaden. Sonst verirrte er sich noch in den Hirnwindungen von Sophie-Täubchen. Frauen waren schließlich anders. Aber das würde er schon hinbekommen. Er, ein Mann in der Gefolgschaft von König Artus. Er, James Merlin.

Es war zu schade, dass sie ihn da nicht gesehen hatte. Der König selbst hatte ihn aufgefordert, mit ihm den Heiligen Gral zu suchen. Der König selbst. Und dann seine edle Seele, die Mr. Winterbottom mit seinen Tarot-Karten freigelegt hatte. Miss Sophie wollte einfach nicht wahrhaben, was in ihm steckte.

* * *

Flusskrebs stand sicher nicht auf der Speisekarte irgendeines gewöhnlichen Pubs. So hatte Oggerty seine Nachforschungen in den Nobelrestaurants nahe der Themse begonnen. Wenn es stimmte, dass die arme Miss Kinkerley unmittelbar nach dem Essen gestorben war, konnte daraus nur logisch gefolgert werden, dass sie in der Nähe des Fundortes gegessen haben musste. Schließlich hatte man sie aus der Themse gezogen. Da brauchte man nur eins und eins zusammenzuzählen.

Andererseits konnte der Leichnam auch bereits Kilometer von der Strömung fortgetragen worden sein. Der Constabler hatte Glück. Im vierten Restaurant konnte sich der Kellner an Miss Kinkerley erinnern. Oggerty versuchte seine Freude zu verbergen. Ja, sie sei mit einem Freund gekommen, und es sei ziemlich laut zugegangen.

»Ein derart unangenehmer Streit kommt in unseren Räumlichkeiten äußerst selten vor, Constabler«, sagte er.

171

Die beiden hätten sich auch während des Essens heftig gestritten.

»Ich hab mich noch gewundert, denn die Dame ... nun ...«

»Ja?«, bohrte Oggerty.

»Sie war nicht gerade für den Abend zurechtgemacht.«

Der Constabler versuchte es mit einem Kniff, den er bei seinem Chef gelernt hatte.

Er zog den Kellner mit ein paar Ermittlungsdetails ins Vertrauen, und der bedankte sich, indem er bereitwillig alles weitergab, was er aufgeschnappt hatte.

»Von der gemeinsamen Tochter war die Rede.« Die sei ins Wasser gegangen, weil sie die Schande nicht ertragen konnte, ohne Vater dazustehen. Von ihrer Not, weil er sich nicht um sie gekümmert habe. Davon, dass sie in einem alten Schuppen hausen mussten. Der Mann habe von seiner eigenen Familie gesprochen, sie habe dagegen die alten Zeiten beschworen, in denen sie beide glücklich gewesen seien.

»Dem Herrn war das alles furchtbar peinlich. Er hat ständig versucht, sie zu beschwichtigen.«

»Schade, dass Sie nicht wissen, um wen es sich handelt«, sagte Oggerty. Er klappte sein Notizbuch zu, doch der Kellner nickte heftig mit dem Kopf.

»Aber natürlich weiß ich das. Der Mann ist Stammgast.«

Er hieß Alexander Bunbury, und der Kellner kramte eine Visitenkarte mit seiner Adresse aus einer Schublade.

Oggerty kam sich vor wie in einem Märchen. Da hatte er in diesem Fall nur zwei und zwei zusammengezählt und auf einem silbernen Tablett einen Verdächtigen serviert bekommen. Der Chefinspektor würde Augen machen. Wo steckte er nur?

* * *

»Reisen haben immer etwas Mystisches, James. Auch unser Leben ist eine Reise. Wir fangen irgendwo an und hören irgendwo auf. Und mitten drin, das ist Reise.« Mr. Winterbottom nickte ihm milde zu. »Denken Sie an diesen Norweger, Roald Amundsen. Der steigt mit diesem Nobile in sein Luftschiff Norge, schwebt davon und steigt auf der anderen Seite wieder aus. Und mittendrin …«

»Ja, Sir?«

»Mittendrin zwischen Aufsteigen und Absteigen liegt der Nordpol. Einfach so.«

»Verstehe, Sir, aber ich habe die Gestalten deutlich gesehen und …«

»Was ist schon Wirklichkeit und was Schein? Wird nicht beides letztendlich nur in unseren Köpfen geschaffen? Unsere Köpfe sind das Eigenartige.«

»Verstehe, Sir.«

»Ein berühmter Philosoph hat es folgendermaßen erklärt: Solange wir die Spucke im Mund haben, ekelt sie uns nicht. Spucken wir sie aus und nehmen sie anschließend wieder zu uns, dann ist das schon eine unappetitliche Angelegenheit.«

James wusste nicht, was das mit seinen Erlebnissen zu tun haben sollte.

»In der Tat, Sir, äußerst ekelhaft. Sie haben in diesem Traum …«

»Wachtraum, James.«

»Sie waren als König Artus unterwegs.«

Mr. Winterbottom streckte sich und lächelte ihn an. Dann beugte er sich über die kleinen Pentagramme, die er auf Papierschnitzel gemalt hatte und nun mit Hilfe seines Pendels in der Wohnung verteilte.

»Soso, als König Artus«, murmelte er.

»Ich verstehe das nicht, Sir, waren Sie nun mit von der Partie oder ...?«

»James, was für einen Eindruck hatten Sie?«

»Nun, Sir, Sie haben so leibhaftig vor mir auf dem Pferd gesessen wie jeder Mensch aus Fleisch und Blut.«

»Dann war ich wohl dabei«, sagte Mr. Winterbottom. Um seinen Mund spielte immer noch ein Lächeln.

»Sie haben eine wirklich außergewöhnliche Begabung, James.«

»Tatsächlich, Sir?«

»Oh, ja.«

Das Pendel, das Mr. Winterbottom über den Kamin gehalten hatte, begann heftig zu kreisen. Selbst Mr. Winterbottoms Arm begann zu wippen.

»Sorgen machen mir nur diese seltsamen wirren Kräfte. Ich komme mir vor wie in einer Sammelunterkunft ruheloser Seelen. Heftiges Stühle- und Bettenrücken.«

Winfrid Winterbottom wandte sich an den Butler.

»James, können Sie sich daran erinnern, dass im Umkreis von Rosen-Manor mit seinen Bewohnern oder Besuchern etwas Außergewöhnliches passiert ist?«

»Nun ja, wir haben ein paar zerschlagene Porzellanhunde ...«

»Nein, das meine ich nicht.«

»Es gab da ein paar Todesfälle, ganz entfernt.«

Mr. Winterbottom nickte. »So, so, ein paar Todesfälle!«

Seine Blicke durchbohrten ihn.

James band sich seine Schürze um.

»Ich werde mich jetzt um die Küche kümmern«, sagte er.

Er musste vorsichtig sein. Dieser Winfrid Winterbottom war zweifellos ein kluger Mann. Und das war gefährlich. Was, wenn diese durchgedrehten Geister ihm steckten, was in letzter Zeit passiert war? Schließlich war der Mann in der Lage, sich mit diesen Kräften in Verbindung zu setzen. Verstand am Ende deren Sprache!

Wenn er nur an diesen ekelhaften Sir Toby dachte, wurde ihm immer noch speiübel. Warum konnten die nicht endlich Ruhe geben? Sie hatten schließlich genug Unheil angerichtet und Sophie-Täubchen einen fürchterlichen Schrecken eingejagt. Und wer, bitte schön, hatte sie gebeten, hier zu erscheinen und für Unruhe zu sorgen? Wer?

* * *

Oggerty knipste seine Schreibtischlampe an. Hilflos sah er hinüber zum leeren Stuhl des Chefinspektors. Nein, die letzte Nacht hätte er lieber aus seinem Gedächtnis gestrichen. Im vierzehnten Pub hatte der Constabler endlich seinen Chef entdeckt. Sein Zustand war mit dem Wort »übel« noch harmlos umschrieben. Der Wirt war gerade dabei, ihn hinauszuwerfen. Wenn Oggerty es richtig verstanden hatte, dann hatte der Chef unflätige Äußerungen über die Frau des Wirts vom Stapel gelassen. Dass ihn mit seiner lallenden Stimme überhaupt jemand verstanden hatte, war eher ein Wunder.

Oggerty hatte in seiner Not nicht gewusst, wohin mit dem Chef. Also hatte er ihn mit zu sich nach Hause genommen. Nach heftigen Protesten hatte dann schließlich Muriahs mütterliche Ader gesiegt. Sie hatte den Chefinspektor unter ihre Fittiche genommen und wollte ihn, Oggerty, sofort benachrichtigen, wenn er aufwachte.

Der Chef hatte lediglich das Wort »Geheimauftrag« genuschelt und den Zeigefinger auf die Lippen gelegt. Oggerty berichtete gerade von den Fortschritten im Fall Kinkerley, als der Chefinspektor wie ein Stein zu Boden ging, ein Schinken-

175

Sandwich von sich gab und von dort unten schief grinsend fragte, ob er mit James und Miss Sophie unter einer Decke stecke.

Der Chefinspektor würde einige Tage brauchen, bis er wieder vollständig hergestellt war. Muriah hatte gleich begonnen, ihm ihr Hausrezept einzuträufeln: eine fette Hühnersuppe mit einer ordentlichen Prise Madras-Curry.

Das Telefon klingelte. Es war Mr. Winterbottom, der dringend den Chefinspektor zu sprechen wünschte.

»Der ist im Moment verhindert, Sir. Konnten Sie etwas in Rosen-Manor entdecken?«

Oggerty glaubte, in der sonst so beherrschten und sonoren Stimme von Mr. Winterbottom ein leichtes Flattern herauszuhören.

»Also, es kommen da Dinge an das Licht des Tages ... Es klingt unfassbar, aber wir haben es hier mit mehr als mit einem Verbrechen zu tun.«

»Der Armreif wurde also doch gestohlen und die Bilder ...«

»Ich rede von einem *wirklichen* Verbrechen. Wir sollten uns so schnell wie möglich sehen.«

In Mr. Winterbottoms Stimme lag ein Flehen. Hatte der Mann Angst?

»Wie ich bereits sagte, Sir, der Chefinspektor ist gerade mit anderen Ermittlungen ...«

»Sagen Sie ihm, er soll alles stehen und liegen lassen und unverzüglich ...«

»Ich fürchte, das wird nicht gehen, Sir.«

»Treiben Sie ihn um Himmels willen auf. Wir haben in ein Wespennest gestochen. Wir befinden uns im Tal der Wiederkehr der falschen Liebhaber.«

Auf der anderen Seite wurde der Hörer auf die Gabel geworfen. Oggerty überlegte fieberhaft. Nein, wegen einiger verrutschter Gemälde, zerschlagener Porzellanhunde und eines verschwunden Armreifs konnte er unmöglich den Chefinspektor wiederbeleben. Und schon gar nicht wegen eines »Tals der Wiederkehr der falschen Liebhaber«. Lächerlich. Man sollte die Pubs tagsüber schließen. Und außerdem würde Muriah das keinesfalls zulassen. Sie hatte ihn jetzt in ihrer Obhut, und nichts, aber wirklich auch gar nichts auf der Welt würde sie dazu bewegen, den Chefinspektor bereits jetzt wieder auf die Menschheit loszulassen. Nicht, bevor sie nicht einige Liter ihrer Suppe in ihn hineingeschüttet hatte.

Bei Licht besehen wies diese Undercover-Taktik eine Menge Nachteile auf. Man stieß zu schnell an seine Grenzen. Mit Grausen erinnerte sich Oggerty an seine Ermittlungen in dieser Blackpooler Homosexuellen-Bar.

Er streifte seinen Mantel über. Dann musste er sich eben allein mit Mr. Winterbottom treffen. Der Chefinspektor selbst hatte ihm diesen Fall übertragen, nun musste er ihn auch zu Ende bringen.

* * *

In den alten Sagen steckte mehr, als man gemeinhin vermutete. Was über Jahrhunderte von Mund zu Mund weitergegeben wurde, immer wieder neu erzählt, später aufgeschrieben und gedruckt worden war, das musste einen wahren Kern besitzen. Dessen war sich James sicher. Vielleicht waren auch jenseitige Mächte daran beteiligt, uns überlieferte Wahrheiten und Weisheiten zukommen zu lassen. Wer ihre Botschaften entschlüsseln konnte, hatte das große Los gezogen.

Und genau das würde er nun in Angriff nehmen. Auch er musste ein Wissender werden. Gut, da gab es ein paar Energien in dieser Zwischenwelt, die nicht gut auf ihn zu sprechen waren. Kleinere Probleme. Trotzdem, man musste eben aus allem das Beste machen. Denn was hatte die großen Männer *wirklich* groß gemacht? Mut und Ausdauer, und natürlich die Unterstützung durch die richtigen Freunde am jenseitigen Ufer der Realität. So hatte es Mr. Winterbottom genannt. »Das jenseitige Ufer der Realität.« Dass ihm das früher nicht aufgegangen war! Seltsam war nur diese Vertrautheit zwischen Miss Sophie und Mr. Winterbottom, die er in letzter Zeit beobachtet hatte. Er würde ihr am Ende doch nicht leibhaftig ein paar Kamasutra-Übungen beigebracht haben? Dieser Dreckskerl? Sie verdrehte auf so eine unwürdige Art und Weise die Augen, wenn er mit seiner Wünschelrute im Haus unterwegs war. Er musste das beobachten.

James kippte das neunte Glas seines selbst gebrauten Elixiers. Außer ein paar trüben Gedanken und einem gelegentlichen Verschwimmen der Wände seiner Kammer wollte sich keine rechte Wirkung einstellen.

Dabei gab es für derlei Trübsal überhaupt keinen Grund: Mit solch einer Tafelrunde im Jenseits würde die Eroberung des Herzens von Miss Sophie nur eine Frage weniger Wochen sein. Und er würde seine Tafelrunde gut behandeln. Sie sollten ihre Rituale und Schmeicheleinheiten bekommen. Wohl dosiert, aber regelmäßig. Gelegentlich würde er auch eine Flasche Whisky als Opfergabe springen lassen. Wenn es um höhere Dinge ging, kannte ein Mann wie er keinen Geiz.

Leuchtende Gedankenfetzen zogen durch seine Kammer. Was, wenn das, worauf er wartete, gar keine andere, jenseitige Welt war, sondern seine Welt? Wenn es gar keinen James McMullen und diese andere Welt gab? Nie geben würde? Wenn James, die jenseitige und die diesseitige Welt und all diese Welten James waren? Das James-Universum, nein, andersherum: das Universum James!

Eine gigantische Hand klappte die Zimmerecke zur Seite. Laub wehte herein, und dann wurden die Wände an Schnüren in den Himmel gezogen.

»König Artus, Mel-lin Euäh Gefolgsmann steht Euch zu Diensten«, lallte James. Und tatsächlich galoppierte Artus auf seinem feurigen Rappen auf ihn zu. Es klappte!

Doch die Stimme von Artus war scharf und schneidend.

»James, wir wissen nun, dass ich Euer und Eurer Freunde Feind sein will.«

»Wie? Aber ... die Tafelrunde ...«

»Nein, schwarzer Ritter James, du hast an meiner Tafelrunde nichts verloren. Dem Pferd die Sporen und Tod dem Feind. Wisse, nunmehr steht Feindschaft zwischen uns, James McMullen. Es geht auf Leben und Tod.«

James schluckte. Hier musste ein Missverständnis vorliegen. Er war doch einer von den Guten! Tickten jetzt selbst in diesem Zwischenreich die Uhren falsch? War nicht einmal auf Geister und Erscheinungen Verlass?

Artus galoppierte davon, und James stand allein auf seiner Waldlichtung. Kichernd und gackernd traten die Ritter Sir Toby, von Schneider und Pommeroy aus dem Dickicht. Sie hätten in Camelot vorgesprochen und stünden in Verhandlungen mit König Artus, ließen sie James wissen. Und dass seine Tage gezählt seien.

»Du wirst in Sack und Asche zum Richtplatz gehen«, näselte Mr. Pommeroy. König Artus werde schon bald Excalibur gegen seine Feinde erheben und ein furchtbares Blutgericht halten.

Plötzlich kreiste ein Rabe mit menschlichem Kopf über ihm. Er erinnerte ihn an einen Polizisten, der in fernen Zeiten seine

Wege kreuzen sollte. Dunkelblau leuchteten neben James die Felswände auf. Vor ihm eine Gittertür, er war eingesperrt. Nur mattes Flackern von Kerzen erhellte den Raum.
Die Tür wurde aufgerissen, und Artus trat einen Schritt auf ihn zu. Er hatte seine Rüstung abgelegt und stand nun in einem Trenchcoat vor ihm. James wollte sich auf ihn stürzen,

um Gnade bitten, doch Winfrid Winterbottom, Artus oder wer auch immer da vor ihm stand, wich jäh zurück, und Winterbottom erhob sein Schwert Excalibur gegen ihn! James versuchte, den Schlag mit der bloßen Hand abzuwehren, und Artus schrie, dass er wisse, was gespielt werde, und dass er das Yard informiert habe. Das Yard? Passte das überhaupt in diese Zeit? Er war doch in den dunklen Zeitaltern, bei Geistern, Hexen und den Rittern der Tafelrunde! Was hatte das Yard hier verloren?

James versuchte einen klaren Gedanken zu fassen. Er nahm ein Wort wahr, das sich wie »meucheln« anhörte. Artus in seinem Trenchcoat hielt noch immer das Schwert erhoben. Wallender Nebel hüllte ihn ein, und dann trat Fee Morgana in sein Zimmer. Sie lüftete ihren Schleier und blickte ihn liebevoll an. Doch Winterbottom-Artus hörte nicht auf zu schreien und störte das Spiel der Zimbeln und Harfen, die von irgendwo im Hintergrund zu hören waren. Hoch erhoben hielt er sein Schwert, schimpfte, dass alles ans Tageslicht kommen werde, und stieß Morgana zurück. »Mörder«, sagte er. Doch Fee Morgana ließ sich das nicht bieten, griff nach Excalibur, und auch er, James, hielt plötzlich ein Schwert in der Hand. Sah aus wie ein Schirm.

Eine Blutfontäne spritzte auf, und der Mann verdrehte die Augen. Excalibur mit den seltsamen Speichen und dem Segel aus schwarzer Seide steckte mitten im Herzen von Mr. Winterbottom. Im Hintergrund stimmten Sir Toby, Admiral von Schneider und Mr. Pommeroy ein heulendes Klagen an. Zimbeln und Harfen verstummten.

Fee Morgana winkte ihm zu, flüsterte zärtlich »Moorloch« und schloss die Tür. Ja, er wollte allein sein. James spürte wieder dieses Hämmern in seinem Schädel. Jetzt schlafen. Alles vergessen, zur Ruhe kommen. Wie gut, dass man aus

Träumen wieder erwachen konnte. Er machte ein zufriedenes Gesicht. Nur eines störte ihn: diese dunkelrote Flüssigkeit auf seinem Kopfkissen.

* * *

Oggerty schlich vorsichtig durch den Salon. Niemand zu sehen. Ja, er musste die Initiative ergreifen, sich in die Höhle des Löwen begeben. Dieser Tag war sein Tag. Er wusste es.

Es kam ihm vor, als hätten die Sterne über Nacht beratschlagt und ihm nun ein anderes, ein glänzendes Schicksal beschieden. Gleich in aller Frühe hatte ein Sergeant Mr. Bunbury festgenommen. Und der hatte brav ein Geständnis abgelegt. Er sei schuld am Tod von Miss Kinkerley. Aber es sei ein Unfall gewesen. Über einen Poller gestolpert sei sie und schließlich in die Themse gestürzt. Dennoch bekenne er sich schuldig.

Oggerty hatte ein Protokoll aufgenommen, Mr. Bunbury hatte unterschrieben. Der Fall war erledigt. Der Chefinspektor würde staunen, wenn er aus seinem Alkohol-Koma wieder erwachte und den ersten klaren Gedanken fassen konnte. Und jetzt würde er auch das Geheimnis um Rosen-Manor lüften. Einer Eingebung folgend, war er hinaus zu Miss Sophies Landsitz gefahren.

Seltsam kam ihm die geöffnete Haustür schon vor. Doch dann hatte er die Gelegenheit beim Schopf ergriffen und eilig den Salon untersucht. Oggerty stocherte mit einer Stange im Kamin. Wieder schimmerten zwei Porzellansplitter bläulich in der Asche. Das hatte er sich doch gleich gedacht! Von wegen Geister! Geister wussten ihre Spuren sicher besser zu verbergen.

Über dem Stuhl hing James' Frack. Blitzschnell durchsuchte Oggerty die Taschen. Leer. Doch was war das für eine Verhärtung am Revers? Mit seinem Taschenmesser öffnete er die

Naht. Als der Armreif in seine Hand fiel, konnte Oggerty sein Glück nicht fassen. Jetzt hatte er an diesem Tag schon den zweiten Fall aufgeklärt! Ganz ohne die Hilfe des Chefinspektors.

Von seinen früheren Besuchen mit dem Chefinspektor wusste er, wo das Zimmer des Butlers zu finden war. Als er die Tür öffnete, wich er überrascht zurück. Nicht nur Tisch und Stühle waren umgeworfen, auch das Bett war zerwühlt und die Waschschüssel zerschlagen. Auf dem Laken breitete sich ein großer dunkler Fleck aus, und von einem verbogenen Regenschirm rann Blut auf den Boden.

»Da haben wir ja unsere Geister«, sagte Oggerty und lachte. Keine Frage, was er da vor sich sah, war nichts als fauler Zauber. Damit sollten sie mal die Kinder erschrecken, aber nicht einen Constabler Oggerty. So leicht ließ er sich keinen Bären aufbinden.

Kein Zweifel, dieser James wollte mit Tierblut und dieser Unordnung eine weitere Geisterattacke vortäuschen. Und alles nur, um von seinem Diebstahl und der Randaliererei mit den Porzellanhunden und den Ahnengemälden von Miss Sophie abzulenken. Um das herauszufinden, brauchte man keinen Mr. Winterbottom, diesen selbst erklärten Spezialisten für die so genannten dunklen Zeitalter. Lächerlich. Alles nur Vertuschungsmanöver.

Im Garten machte sich James an einem sumpfigen Loch zu schaffen. Er schien etwas hineinzustopfen, das Oggerty auf die Entfernung nicht erkennen konnte. Etwas Zusammengerolltes. Als er neben dem Butler stand, war das Bündel bereits verschwunden. Lediglich ein paar Blasen zerplatzten blubbernd an der Oberfläche.

»Ein alter Teppich, Constabler, so ein Moorloch im Garten ist unglaublich praktisch.«

»Sie legen sich ja ordentlich ins Zeug«, sagte Oggerty und deutete auf sein dreckverschmiertes Hemd.

»Ja, ich ...«

»James McMullen«, sagte Oggerty streng. »Ich beschuldige Sie des Diebstahls eines Armreifs sowie der Sachbeschädigung von Eigentum der Miss Sophie ...«

»Aber Inspektor ...«

Oggerty dreht sich überrascht um. Miss Sophie wehte mit ihrem lindgrünen Umhang auf die beiden Männer zu.

»Constabler, ich bin Constabler, Miss Sophie.«

»Nun, bei Ihren Talenten frage ich mich, warum Sie nicht eine eigene Abteilung leiten.«

Oggerty blickte verlegen zu Boden.

»Miss Sophie, in der Angelegenheit, die Sie zur Anzeige ...«

»Da wollte ich mich heute gerade bei Ihnen im Yard melden. Der Reif ...«

»Aber, Miss Sophie, ich habe ihn im Frackfutter Ihres Butlers gefunden.«

»Das ist wirklich einmal originell.«

Miss Sophie warf James einen giftigen Blick zu.

»Oh, ja«, sagte sie. »Ich habe ihn bereits gestern gefunden und James gebeten, ihn an einem absolut sicheren Ort zu verwahren.«

»Aber, Miss Sophie, der Armreif ...«

»Ist wieder da, Inspektor Oggerty.«

»Und was ist mit dem Teesud, der auf dem Gesicht von Mr. Peabody klebte, mit dem heruntergerissenen Rahmen und den zerschlagenen Porzellanhunden ...«

»Sicher eine Verkettung unglücklicher Umstände. Zuweilen habe ich den Verdacht, etwas nachlässige Hausangestellte zu beschäftigen.«

»Aber, Miss Sophie, ich ...«

Eine große Blase zerplatzte an der Oberfläche des Moorlochs. Plötzlich schob sich eine Art Ast aus dem Loch. Oggerty kam es vor wie eine knöcherne, mit Morast verschmierte Hand einer Leiche, die ihm aus ihrer Ruhestätte zuwinkte. Das war auch in einem Horrorfilm vorgekommen, den er seiner Frau zuliebe hatte mit ansehen müssen. Oggerty schüttelte heftig den Kopf, als müsse er sich von etwas befreien. Auf solchen Hokuspokus durfte er sich erst gar nicht einlassen. Klare Gedanken fassen. Fehlte noch, dass auch er in diesem Zirkus den Verstand zu verlieren begann.

Auch James hatte den Ast bemerkt. Rasch griff er zu einer Schaufel und drückte das seltsame Gebilde wieder zurück in das Loch.

»Gartenabfälle«, sagte Miss Sophie. »So ein Moorloch ist wirklich praktisch für ...«

»Gartenabfälle. Sicher, Miss Sophie.«

Die kreischende Stimme seiner Frau ließ Oggerty zusammenfahren.

»Charlie, mein Gott, Charlie.«

Von der Hausecke winkte Muriah. Sie stützte den immer noch mitgenommenen Chefinspektor DeCraven.

»Sir, das ist ja wunderbar, dass Sie ...«

Die Stimme des Chefinspektors klang drohend.

»Papperlapapp, Oggerty, wo ist Mr. Winterbottom?«

»Mr. Winterbottom? Keine Ahnung, Sir.«

Der Chefinspektor fixierte Miss Sophie und James.

Beide zuckten ahnungslos mit den Schultern.

»Er hat mir eine Nachricht zukommen lassen. Er hat eine entscheidende Spur ...« Die Augen des Chefinspektors zogen sich zu Schlitzen zusammen.

Oggerty konnte nicht mehr an sich halten.

»Ich habe den Fall aufgeklärt, der Armreif ...«

»Unsinn«, sagte DeCraven. »Mr. Winterbottom deutete an, er könne beweisen, dass sich im Umkreis von Rosen-Manor eine Reihe von Kapitalverbrechen ...«

»Fangen Sie schon wieder mit Ihren Verbrechen an?«, spöttelte Miss Sophie. »Das weist ja Züge einer Manie auf.«

DeCraven stützte sich immer noch auf Oggertys Frau.

»Ich werde dem nachgehen, Miss Sophie. Ich werde Licht ...«

»Nun, Inspektorchen, kommen Sie erst mal auf die Beine. Sie sehen ja furchtbar aus.«

Oggerty und seine Frau nahmen DeCraven in die Mitte.

»Gute Besserung«, sagte Miss Sophie. »Und wenn Sie nächsten Monat zu Silvester wieder auf dem Damm sind, schauen Sie doch abends gerne herein. Ich feiere Geburtstag und erwarte liebe Gäste.«

Aus dem Haus drang heftiges Poltern. Es klang, als würden Schränke über den Holzboden geschoben und Kochtöpfe scheppernd in die Ecken geworfen. Glas zersplitterte und Ketten rasselten über den Steinfußboden. Der Chefinspektor horchte auf, dann schüttelte er den Kopf und stützte sich wieder auf Oggerty.

Miss Sophie wandte sich an James.

»James, wir werden für Ordnung sorgen.«

»Ja, Miss Sophie.«

»Nun, James, wir sollten die Stühle an die Tische rücken und alle gemeinsam feiern. Mr. Winterbottom vertrat da eine interessante Idee, was den Umgang mit Geistern, Gespenstern, durchlöcherten Bettlaken und rasselnden Rittern und so weiter betrifft. Wir werden eine Probe aufs Exempel machen. Und James ...«

»Ja, Miss Sophie?«

»Ich glaube, wir werden neue Freundschaften schließen.«

»Ja, Miss Sophie.«

»Das wird unser Leben bereichern. Es wird alles, nun, es wird alles ganz neu sein.«

»Ja, Miss Sophie.«

Miss Sophie berührte mit dem Zeigefinger ihre Nase. Das machte sie immer, wenn sie in Aufbruchstimmung war. James liebte diese kleine Geste. Seine Stimme hatte entschieden zu viel Schmelz, als er sagte: »Ja, ganz neu. Und wer eine neue Welt bauen will, muss die alte zerstören.«

»James, wir sind bereits beim Dessert.«

»Ja, Miss Sophie.«

»James, wir werden Freundschaften pflegen, die einfach nicht von dieser Welt sind.«

»Überirdisch, Miss Sophie.«

»Sicher, James, überirdisch.«

TIGER

Die Augen des Chefinspektors blickten nach innen. Irgendwo dort, tief verborgen in den Windungen und Verästelungen seines Gehirns, arbeitete sein Geist an der Lösung. Immer wieder spannten und entspannten sich die Muskeln auf seiner Stirn. Oggerty glaubte sogar, ein leichtes Zucken seiner Ohren bemerkt zu haben.

Mit seinen Falten und Linien wirkte das Gesicht des Chefinspektors wie ein Rangierbahnhof aus der Vogelperspektive. Im Zeitraffer wurden Weichen gestellt, und unsichtbare Züge ratterten in kleinen Zuckungen über den grauen Schotter seiner Haut. Härchen richteten sich auf wie die Masten von Warnschildern.

Der Chefinspektor brach einen Bleistift entzwei. Vorsichtig versuchte er die Teile auf zwei Radiergummis abzulegen, doch sie rollten immer wieder herab. Beim vierten Versuch schlug er mit der Faust auf den Schreibtisch. Holz splitterte, und der Wandkalender fiel herunter.

Der Constabler fuhr zusammen.

»So nicht, Oggerty. Wir müssen in diesem Fall neue Wege gehen. Wir müssen etwas riskieren.«

»O ja, Sir. Vielleicht sollten wir uns noch einmal die Obduktionsbefunde ansehen. Im Kinkerley-Fall hat das ja auch …«

»Unsinn, jeder Fall erfordert ein ganz eigenes Vorgehen. Wir haben es hier mit einer äußerst komplexen Verwicklung zu tun. Das Motiv liegt irgendwie im Dunklen, und trotzdem …«

»Trotzdem, Sir?«

»Wir sind ganz nah dran.«

Der Chefinspektor streckte seine gespreizten Finger in die Luft.

»Es lässt sich einfach nicht fassen, es ist wie verhext …«

»Vielleicht kann Mr. Winterbottom helfen?«

Das Gesicht des Chefinspektors verdüsterte sich.

»Der Mann ist seit Tagen verschwunden. Kein Lebenszeichen. Vielleicht hat er sich ja in eine andere, spirituelle Dimension abgesetzt. Würde mich auch nicht wundern, wenn er jetzt als Heiliger mit Rauschebart barfuß durch Indien stolpert. Oder …«

Die Miene des Chefinspektors wurde nachdenklich. Geistesabwesend stieß er den Papierkorb um.

»Oder, Sir?«

»Oder er ist dieser Miss Sophie und ihrem Butler James McMullen tatsächlich auf die Schliche gekommen, und die haben ihn …«

Der Chefinspektor versank in dumpfes Brüten. Nervös zupfte er am Ärmel seines leuchtend blauen Jacketts, das für Oggertys Geschmack eine Spur zu grell gehalten war.

Oggerty vertiefte sich in sein Protokoll. Damit sollte der Kinkerley-Fall nun endlich abgeschlossen werden. Eigentlich war es ungerecht. Er hatte die ganze Arbeit erledigt, doch am Ende würde der Chefinspektor unterschreiben und den Ruhm einheimsen. Nun gut, er hatte ihm auf die Schulter geklopft und eine Belobigung von allerhöchster Stelle angedeutet. Doch das war nicht das Gleiche.

Vom Schreibtisch des Chefinspektors drangen undefinierbare Brummgeräusche. Gedankenverloren schob DeCraven sich gleich mehrere Pfefferminzpastillen in den Mund. Oggerty bemühte sich, den Blick auf das Protokoll zu heften. Der

Chefinspektor durfte beim Kombinieren nicht gestört werden. Plötzlich sprang DeCraven auf und umkreiste seinen Schreibtisch, griff sich ein Stück Papier und zog weiter seine Runden. Wie ein Raubtier im Käfig, dachte Oggerty.
Der Chefinspektor klatschte die Hände zusammen. Oggerty sah entsetzt, wie der Chef den Garderobenständer mitsamt den beiden Mänteln und den Schals umarmte. DeCravens Gesichtshaut war rot angelaufen, am Hals bildete sich der übliche Ausschlag.
»Wir werden ihnen eine Falle stellen, Oggerty. Eine Falle in zwei Richtungen.« Die Stimme des Chefinspektors klang beschwörend.
»Sir?«
»In die Mitte legen wir einen kleinen Köder, und dann werden wir sehen, wer zuschnappt.«

»Sir, Sie meinen ...«

»Genau, Oggerty. Der Mörder verrät sich selbst. Und wenn es beide gewesen sind, dann werden sie sich gegenseitig beschuldigen, und alle Einzelheiten werden ans Tageslicht kommen.«

»Äußerst gewiefte Taktik, Sir. Ich muss schon sagen ...«

»Danke, Oggerty.«

»Und was soll der Köder sein?«

Der Chefinspektor kritzelte eine Notiz auf ein Stück Papier.

»Wir schreiben hinein, dass ein Tatzeuge sein Gewissen entlasten möchte und bereit ist, die volle Wahrheit zu offenbaren. Das schicken wir zunächst Miss Sophie, und die wird dann den vermeintlichen Zeugen kaltstellen wollen. Vorausgesetzt, sie ist tatsächlich die Mörderin.«

»Sir, verstehe ich das richtig? Sie wird James um die Ecke bringen, weil ... ziemlich unwahrscheinlich.«

»Verdammt, Oggerty, Sie haben Recht. Das reicht nicht.«

Wieder versank der Chefinspektor ins Grübeln. Oggerty griff in seine abgewetzte Ledertasche und zog sein Frühstücksbrot heraus. Widerwillig biss er hinein. Muriah hatte ihm eine Diät verordnet. Auf dem Brot klebte eine Art Mohrrübenbrei, der schon gräulich schimmerte. Ekelhaft.

Nach einem Biss wickelte Oggerty das Brot wieder ein und warf es in den Papierkorb.

Er zog einen Stapel Fotos aus der Tasche, die bei einem sonntäglichen Fahrradausflug mit Muriah entstanden waren. Sorgenvoll betrachtete er die verschwommenen Aufnahmen. Ja, es würde noch Wochen dauern, bis er so viel Routine besaß, Belichtungszeit, Blende und Entfernung richtig einzustellen.

Der Chefinspektor griff ihm über die Schulter und schnappte sich ein Foto.

»Das ist es, Oggerty. Das ist es!«

»Bitte, Sir?«

»Der Beweis, mit dem wir sie uns holen werden.«

»Aber, Sir, das ist eine Kuh auf einer Weide, die sich in einem unglücklichen Augenblick bewegt hat. Und daneben meine Frau und ...«

»Unsinn«, sagte der Chefinspektor. »Das ist ein Bild unseres Täters.«

»Sir?«

»Genau so werden wir es Miss Sophie verkaufen. Und wir werden ihr von den hervorragenden Fotolaboranten des Yard berichten, die aus solch einer Aufnahme eine glasklare Ablichtung des Täters herausholen können.«

»Sir, Sie meinen, wenn Muriah und diese Kuh ...«

»Unsinn, wir tun doch nur so, als hätten wir einen stichhaltigen Fotobeweis, der den Mörder zeigt.«

»Geniale Idee, Sir.«

* * *

Seine Liebe war fest und unerschütterlich. Aus Erz gegossen. Schließlich war er, James, ein Mann von Ehre. Nicht so ein Windhund wie sein angeblicher Vater, dieser Sir Toby, oder dieser deutsche Admiral. Nein, auf ihn konnte man sich verlassen. In jeder Lebenslage. Und auch Miss Sophie würde spüren, wie sehr sie auf ihn bauen konnte.

Aber wie war es umgekehrt? Stand Miss Sophie loyal zu ihm? Schließlich verbarg sie ihre Gefühle immer noch unter diesem Mantel ihrer Hemmungen und Verklemmungen.

James bereitete den Tisch für den nachmittäglichen Tee. Verstohlen blickte er hinüber zu Miss Sophie, die einen Brief studierte, den ihr vor wenigen Minuten ein Bote überreicht hatte. Sie streckte das ebenfalls mitgesandte Foto etwas von sich, um es besser erkennen zu können. Diese verdammte Eitelkeit der Frauen! Dabei stand ihr die Brille so gut.

Ihre Augen wanderten über jedes Detail des Bildes. Sie blinzelte über den Rand des Fotos und musterte ihn. James fröstelte. Er spürte das kalte Misstrauen, das zu ihm herüberwehte. Dabei hatte er geglaubt, dass ihre Vertrautheit nach den turbulenten Ereignissen der letzten Tage für immer besiegelt war.

Miss Sophie zog eine Lupe aus der Schublade der Anrichte, die sie sich eigentlich für die Arbeit an ihrer Käfersammlung angeschafft hatte. Doch dieses Hobby hatte sich als kurzlebig erwiesen. Nicht so sehr das Aufspießen der kleinen krabbelnden Hauptakteure hatte sie gestört, sondern der Geruch des zur Präparation benutzten Formaldehyds. Jetzt hielt sie das Foto unter die Lampe. Dabei war es erst drei Uhr nachmittags!

Miss Sophie räusperte sich.

»Und James, wenn Sie später abstauben, gehen Sie doch bitte sorgfältig mit dem Porzellanreh um. Es wäre ein unwiederbringlicher Verlust ...«

»Das Porzellanreh, jawohl, Miss Sophie.«

»Sie wissen schon, das Geschenk von Sir Toby.«

»Sicher, Miss Sophie.«

»Ich werde mich vor dem Essen ein wenig hinlegen, und James ...«

»Ja, Miss Sophie?«

»Was haben Sie heute Abend vor?«

»Ich habe meinen freien Tag, Miss Sophie.«

»James, ob Sie mir wohl heute die Freude bereiten und das Haus einhüten könnten? Ich habe noch etwas Dringendes zu erledigen.«

Ohne eine Antwort abzuwarten, rauschte Miss Sophie mitsamt Brief und Foto aus dem Salon.

Was um Himmels willen sollte diese Anspielung auf Sir Toby? Und was hatte sie denn zu erledigen? Warum gestand sie nicht ein, dass sie zu einem Rendezvous aufbrach? Und warum diese Angst, dass er ihr in die Quere kam?

Dieses Hin und Her war außerordentlich ermüdend. Warum konnten sie nicht endlich miteinander statt gegeneinander denken? Wann würde sie sich endlich zu ihm bekennen?

James schnippte mit dem Zeigefinger gegen das Ohr des Porzellanrehs. Irgendetwas ging vor. Und er würde dahinter kommen. So viel stand fest.

* * *

Wolkenfetzen jagten über den Himmel, und einzelne Sterne leuchteten für kurze Zeit in den dunklen Weiten des Firmaments. In der Ferne war das Klagen eines Kauzes zu hören.

»Glauben Sie, die Insekten sind giftig, Sir?«

»Oggerty, nur weil wir uns in einem Zoo umsehen, bekommen wir nicht gleich Malaria.«

»Nein, Sir, ich meine nur ...«

»Psst. Ruhe.«

Oggerty kratzte sich am Handrücken. Es musste eine Mücke mit einem gewaltigen Saugrüssel gewesen sein, die ihm da zugesetzt hatte. Auch seine Füße schmerzten, und über seinen gesamten Körper schienen kleine ruhelose Tiere zu krabbeln. Irgendwo kreischte ein Papagei.

Wer weiß, was hier alles herumkriecht, dachte Oggerty. Mitten in der Nacht. Dieser kleine Tierpark war ursprünglich als eine Art »allgemein zugängliches Tierheim« entstanden. Irgendjemand hatte ihn gegründet, um so die Kinder der Badegäste auch bei Regenwetter bei Laune zu halten. Im Laufe der Jahre bevölkerten immer mehr Tiere die Anlage. Nicht dass

jemand in Blackpool sie angeschafft hätte. Nein, viele Bewohner gaben ihre Lieblinge einfach hier ab, nachdem sie ihnen zu groß geworden waren und so manches gemütliche Zuhause zerlegt oder ihre lieben Herrchen und Frauchen gebissen hatten. Oggerty hatte von angebundenen Krokodilen, neurotischen Pavianen, ja selbst von Raubkatzen und seltenen Chamäleons gelesen. Der Park war für viele entrechtete Kreaturen eine neue Heimat geworden. Schließlich hatten die Betreiber mit dem Eintrittsgeld und zusätzlichen Spendengeldern die notdürftigen Verschläge durch solide Käfige ersetzt und das ganze »Zoo« genannt.

Im Laufe der Jahre wurde der Park zu einem beliebten Ausflugsziel, und zahlreiche Bewohner Blackpools schlossen einzelne Tiere in ihr Herz. So auch Miss Sophie. Jeden Sonntag, den Gott, der Herr, werden ließ, besuchte sie den bereits in die Jahre gekommenen Sibirischen Tiger. In der örtlichen Presse hatte sie sich gar als »Tiger-Patin« bezeichnet.

Oggerty erinnerte sich an eine denkwürdige frühere Begegnung mit Miss Sophie und ihrem Butler. Sie hatte ganz in der Nähe stattgefunden.

Der Chefinspektor brachte ihn durch einen Stoß unsanft in die Gegenwart zurück.

In einem Käfig vor ihnen planschten ein paar Waschbären in einer Wanne. Die Tiere waren jetzt in der Nacht putzmunter.

»Da«, zischte der Chefinspektor aufgeregt.

Trotz der um diese Zeit gewöhnlich geschlossenen Eingangstore tippelte eine Frau den Weg herauf und blieb unter der Laterne stehen. Im trüb-funzeligen Licht bemerkte Oggerty, dass in ihrer Einkaufstüte etwas zuckte. Sie blickte sich um und eilte dann weiter dem Ausgang entgegen.

»Fehlanzeige«, sagte der Chefinspektor.

»Und wenn Miss Sophie nun gar nicht kommt?«, fragte Oggerty.

»Sie wird kommen.«

Im Mondlicht blitzten die Augen des Chefinspektors. Geradezu angriffslustig, fand der Constabler, Jagdfieber.

»Schließlich habe ich ihr eine Einigung angeboten, wenn sie gegen ihren Butler aussagt. Diese Chance lässt sie sich nicht entgehen.«

»Und alles wegen dieser verwackelten Kuh aus Reading?«

»Für Miss Sophie ist das ein gefährliches Beweisstück. Nur das zählt.«

Oggerty starrte auf den Boden. Irgendetwas Braunes hatte

sich da bewegt. Jetzt hoppelte es auf ihn zu und schnüffelte an seinem Schuh. Zu seinem Entsetzen sah Oggerty kräftige weiße Zähne aufblitzen.

»Sir, Sir … da … da unten …«

»Constabler, kommen Sie zu sich. Das ist doch nur ein Pampashase, ein großer Mara oder auch Dolichotis patagonum.«

»Sir?«

»Ziemlich große Ohren, lange, dünne Beine und einen Stummelschwanz. Eine Mischung aus Känguru und Eichhörnchen. Vermehren sich wie die … na ja, wie die Kaninchen halt.«

Oggerty hasste solche Einsätze.

Der Hase oder was auch immer scheuerte sich an seinem Schuh. Oggerty traute sich nicht, das Bein wegzuziehen.

»Kommen Sie doch«, zischte der Chefinspektor. »Sie bleiben immer dicht hinter mir. Mit diesem Pärchen ist nicht zu spaßen, und schließlich brauche ich einen Ohrenzeugen, falls Miss Sophie ihren Butler beschuldigen sollte.«

Der Chefinspektor schlich durch das Gebüsch auf die Wiese zu. Plötzlich wurde es nass an Oggertys Füßen. Der Hase blickte treuherzig zu ihm hoch.

*　*　*

Zwei Flaschen! Miss Sophie hatte ihm zwei volle Flaschen Whisky hingestellt! Keine Frage, sie wollte ihn betrunken machen. Gefügig. Ja, sie wollte sichergehen, dass er ihr nicht folgte. Den ganzen Nachmittag hatte er, James, daran herumgerätselt. Doch dann hatte er beobachtet, wie Miss Sophie den dunklen Mantel aus dem Schrank eigenhändig ausgebürstet hatte. Sie bereitete sich akribisch vor. Und ihn wollte sie partout nicht dabeihaben.

Das musste mit diesem seltsamen Brief zusammenhängen.

Und mit dem Foto. Er hatte nur einen sehr flüchtigen Blick über ihre Schulter darauf werfen können. Zu erkennen war nichts. Das Bild konnte ebenso das Innere einer Bärenhöhle wie den Tower bei Nacht zeigen.

James blieb stehen und zog eine der Whiskyflaschen aus seinem Mantel. Marschverpflegung. Er musste Abstand zwischen sich und Miss Sophie lassen. Manchmal hatte er das Gefühl, dass sie irgendwo an ihrem Hinterkopf Augen haben musste. James unterdrückte nur mit Mühe ein Lachen. Augen am Hinterkopf! Ja, das musste er unbedingt Mr. McKinsey erzählen.

Nur das schummrige Licht einer einsamen Laterne beleuchtete die Allee. Die Bäume sahen aus wie die zerzausten Soldaten Napoleons, die gerade ausgemergelt aus dem Russlandfeldzug heimkehrten.

Dieses feuchtkalte Wetter tat seinem Rheuma gar nicht gut. Doch so leicht ließ er sich nicht abschütteln. Direkt neben ihm im Gebüsch knackte ein Ast. Blitzschnell ließ James die Flasche in seinem Mantel verschwinden. Fehlte noch, dass Miss Sophie ihn so sah. Außerdem schadete der Alkohol jetzt nur. Er musste hellwach sein. Auf der Hut. Irgendetwas war im Busch. Und er würde herausfinden, was da auf ihn lauerte. Miss Sophie drückte sich durch eine jaulende, Quietschgeräusche verursachende schmiedeeiserne Pforte. Was um Himmels willen wollte sie im Zoo? Und warum war der Eingang geöffnet?

Manchmal schien es ihm, als steckte sie trotz ihrer grauen Haare noch in der Pubertät. Ein Treffen im Mondlicht! Ausgerechnet im Zoo. Das Mädchen hatte wirklich Launen. Aber wer steckte dahinter? Wer hatte sich hier mit ihr verabredet? Und was führte er im Schilde? Ehrliche Absichten bestimmt nicht. Und Miss Sophie?

Ihr nacheilend bog er in einen zugewachsenen Weg ein. Unter einer Laterne sah er sie stehen. Wie eine traurige Soldatenbraut vor der Kaserne. Bestellt und nicht abgeholt. Suchend blickte sie sich um. Dann trat ein Mann auf sie zu. Groß gewachsen, hager, mit einem wehenden Mantel. James konnte ihn auf die Entfernung nicht erkennen. Gebückt schlich er sich heran. Die Stimme des Unbekannten wurde deutlicher. Und plötzlich wusste er, wer sich zu dieser nachtschlafenen Zeit mit seiner Sophie verabredet hatte. Was in Dreiteufelsnamen hatte Chefinspektor DeCraven hier zu suchen? Wurde bei Nacht und

Nebel und mitten unter Pavianen und Perlhühnern ein Komplott gegen ihn geschmiedet?

»Nun, Miss Sophie, haben Sie es sich überlegt?«, hörte er De-Craven sagen.

»Ich weiß nicht, ob ich Ihr Angebot richtig verstanden habe.«

»Es ist ganz einfach. Wir einigen uns auf James als Haupttäter, und Sie gestehen eine gewisse Mitschuld.«

»Und warum sollte ich mich darauf einlassen, Chefinspektor?«

»Nun, weil das vorhandene Foto und gewisse weitere Beweise ausreichen, um Sie anzuklagen. Denken Sie nur an die Schlagzeile in der *Times*. Sie sitzen in der Falle!«

»Gewisse Beweise! Glauben Sie, ich falle darauf herein? Sie werden sich blamieren, Inspektor.«

»Mag sein, Miss Sophie. Mag sein, dass die Krone den Prozess verliert. Aber wie heißt es so schön: Wenn mit Dreck geworfen wird, bleibt immer etwas kleben. Selbst wenn Sie als freier Mensch den Gerichtssaal verlassen, dürfte es Ihrem Ansehen in der feinen Gesellschaft nicht förderlich sein. Man wird Sie schneiden.«

»Und im anderen Fall wären Sie bereit ...«

»Nun, Ihr Name muss gar nicht erst hineingezogen werden, wenn Sie James bezichtigen, diese ...«

James hielt es nicht länger in seinem Versteck. Miss Sophie stieß einen spitzen Schrei aus, als der Butler wutschnaubend aus der Deckung trat.

»Verräterin«, sagte er.

Miss Sophie zog die Augenbrauen hoch.

»James, denken Sie an Ihren Blutdruck.«

James knurrte. DeCravens Stimme schwoll drohend an.

»Nur mit der Ruhe, James McMullen.«

Am liebsten hätte er hinzugefügt: »Constabler Oggerty ist in der Nähe. Und er ist bewaffnet.« Doch diesen Trumpf durfte er erst später aus dem Ärmel ziehen. Hoffentlich hielt sich der Constabler lange genug zurück. Schließlich fehlte noch ein eindeutiges Geständnis.

* * *

Oggerty stolperte über eine Baumwurzel. Wo konnte der Chefinspektor nur stecken? Eben war er doch noch wenige Meter vor ihm gewesen. Und jetzt hetzte er allein durchs Unterholz, und alles nur, weil er sich die nassen Schuhe im Gras säubern musste. Verdammte Pampashasen!
Hätte er sich diesen verfluchten Park doch vorher auf einem Plan genauer angesehen! Dieses Gewirr von Wegen und Trampelpfaden brachte einen ganz durcheinander. Zum zweiten Mal war er nun schon in eine Art Wildtränke getreten. Womöglich liefen hier auch Wildschweine frei herum. Oggerty konnte sich an ein Exemplar mit mörderischen Hauern erinnern. Und seine Frau hatte ihm aus einem Magazin einen Bericht vorgelesen, in dem von einem Jäger aus Norfolk die Rede gewesen war. Der Mann war von einem Wildschwein regelrecht niedergemetzelt worden. Erst Tage später hatten Spaziergänger seine angefressene Leiche gefunden.
Wenn er doch nur mit dem Chef einen Treffpunkt ausgemacht hätte! Schließlich konnte er ihn schlecht rufen. Der ganze Plan des Chefinspektors wäre dahin gewesen.

* * *

»Nun, James, was haben Sie zu sagen? Wenn Sie ein Geständnis ablegen, dürfte das einen nicht zu unterschätzenden Eindruck auf die Geschworenen machen. Mehr kann ich Ihnen natürlich nicht versprechen.«

Lauernd erwartete DeCraven eine Antwort. James blickte fragend zu Miss Sophie, doch die zog ihr typisches spöttisches Gesicht.

»Nun, James? Miss Sophie scheint einer gewissen Kooperation nicht abgeneigt gegenüber zu stehen.«

James stampfte wütend mit dem Fuß auf den Boden. Sie sollten ihn hier nicht zum Affen machen. Auch er hatte seine Würde, auch er verdiente Respekt.

»Wenn das so ist, Sir. Ich weiß nicht, was Ihnen Miss Sophie versprochen hat, aber ich habe da noch einen Wurfpfeil in meinem Zimmer, auf dem sich das Blut von Mr. Toby und die Fingerabdrücke von Miss Sophie finden lassen. Und Spuren von Arsen. Ganz zu schweigen ...«

Miss Sophie tänzelte auf James zu. Ihre Bewegungen, der Blick, ja alles an ihr war plötzlich wie verwandelt. Sanft legte sie ihm die Hand auf die Schulter.

»Ruhig, mein Lieber, wir sollten den Inspektor nicht mit unseren Familienangelegenheiten behelligen, nicht wahr?«

Der Chefinspektor protestierte, doch James konnte nicht verstehen, was er sagte. Es war ihm auch gleichgültig.

Sie strahlte ihn an. Ja, es kam ihm vor, als würde ihr Gesicht zu einem alles umarmenden, nach Rosenwasser duftenden Lächeln zerfließen. Ihr Gesicht glich einer grün leuchtenden Wiese, auf der farbenprächtige Blumen prangten. Frische, der Duft nach Frühling, das Versprechen eines saftigen, fruchtbaren Sommers.

»Mein Lieber, wir werden über alles reden. In Ruhe, nicht wahr?«

»Ja, ja«, stotterte James.

Sie zwinkerte ihm zu. Sein Hals war trocken. Wie gern hätte er jetzt einen Schluck zu sich genommen.

DeCraven räusperte sich.

»Tut mir Leid, wenn ich diese Turtelei stören muss, aber ein gegenseitiges Alibi wird Ihnen diesmal nichts nützen. Ich habe einen Beweis, ich habe die Fotografie.«

Miss Sophie ließ James nicht aus den Augen. James versagte die Stimme. Dann drehte sich Miss Sophie langsam zu De-Craven um.

»Chefinspektor, Sie wollen die Wahrheit wissen? Die ganze Wahrheit?«

DeCraven nickte.

* * *

Oggerty schob sein rechtes Bein über den Zaun. Hier musste es irgendwo sein. Hier hatte er den Chefinspektor aus den Augen verloren. Plötzlich hüpfte etwas hellgrau Schimmern-des auf ihn zu und glotzte ihn neugierig an. Oggerty blieb wie angewurzelt stehen. Was, wenn er sich in das Gehege der Bi-sons verirrt hatte? Die trugen Hörner. Und sie konnten damit umgehen. Er wusste, dass sie ungemütlich auf schnelle Bewe-gungen reagierten. Sehr langsam und bedächtig drehte er sich um.

Direkt in Kopfhöhe glotzte ihn ein Paar dunkelbrauner Au-gen an. Das Fell dieses Wesens war pelzig, der Ausdruck der Augen unschuldig. Dann bewegte sich der Kopf nach vorn, und etwas Samtenes berührte sacht seine Nase. Oggerty schrie auf. Das Wesen wich zurück und spuckte ihn an. Eine Wolke gab den Mond frei, und während Oggerty sich den Schleim aus dem Gesicht wischte, sah er, wie das Lama wür-devoll davonschritt.

* * *

»Die ganze Wahrheit?«, bohrte Miss Sophie.

Der Chefinspektor nickte.

»Dann folgen Sie mir«, sagte Miss Sophie. Sie bog in einen finsteren Seitenpfad. Der Chefinspektor blickte sich vorsichtig um. Wie gut, dass Oggerty in der Nähe war. Sonst hätte er sich auf keinen Fall auf ein derartiges Abenteuer eingelassen. Völlige Dunkelheit. DeCraven konnte seine eigene Hand nicht vor Augen sehen.

»Ins bodenlose Nichts musst du dich stürzen«, sagte Miss Sophie. »Und genau dort findet man den Diamanten der Wahrheit. Chefinspektor, sind Sie bereit?«

DeCraven war sich nicht mehr sicher. Wenn er in dieser Dunkelheit schon nichts erkennen konnte, wie sollte dann Oggerty die Situation überblicken?

Aber jetzt zurückweichen? Jetzt, wo er nur um Millimeter von der Wahrheit entfernt war. Jetzt, wo der Augenblick gekommen war und endlich das Licht der Erkenntnis auf diese verworrene Angelegenheit fiel, auf die widersprüchlichen Aussagen und Finten, dieses Durcheinander von Motiven und Indizien? Jetzt aufgeben, wo er Miss Sophie und ihren Butler endlich in die Enge getrieben hatte? Nein, er musste sich auf Oggerty verlassen. Bei Gefahr würde er eingreifen.

»Sind Sie bereit für das Tor der Wahrheit?«, vernahm er die Stimme von Miss Sophie.

Ein Schlüssel drehte sich in einem schlecht geölten Schloss. Knirschend wurde eine Tür geöffnet. DeCraven spürte einen fast zärtlichen Schubs. Vorsichtig, aber bestimmt schritt er in das Unbekannte.

Um ihn herum Dunkelheit. In der Luft hing ein beißender Geruch. Links schien sich der Raum zu öffnen, Stangen schälten sich in vagen Umrissen aus dem Dunkel. Unter seinen Füßen Stroh. Der ätzende Geruch wurde stärker. Ein Luftzug, dann das Aufblitzen zweier feuriger Lichter. Etwas Gewaltiges und Weiches schnellte auf ihn zu.

* * *

Oggerty wusste nicht, wie er Muriah den Zustand seines neuen Anzugs erklären sollte. Doch das kam später. Erst musste er den Chefinspektor finden, und zwar schnell! Oggerty stolperte durch eine Pflanzung von Kiefern und Zitterpappeln. Wo konnte DeCraven nur stecken?

Plötzlich fand er sich auf dem Hauptweg wieder. Am liebsten hätte er sich unsichtbar gemacht, aber nun war er zu allem Elend auch noch Miss Sophie und ihrem Butler in die Arme gelaufen.

»Constabler, um diese Uhrzeit noch unterwegs? Ein Polizist hat wohl niemals Feierabend?«

»Da haben Sie Recht, Miss Sophie.«

Sie standen in der Nähe des Tigerkäfigs.

Oggerty sah, wie die Raubkatze ein großes Bündel durch ihren Käfig schleifte. Fauchend zerrte sie es unter einen Haufen verdorrter Äste.

Wo er schon einmal entdeckt war, konnte er auch aufs Ganze gehen.

»Miss Sophie, haben Sie Chefinspektor DeCraven gesehen?«

»Ich? Aber für verschwundene Personen sind doch Sie zuständig.«

Constabler Oggerty drehte sich um. Kein Wunder, dass die beiden sich nicht sonderlich freundlich verhielten. Der Chefinspektor hatte sie ja geradezu auf dem Kieker. Manchmal wusste er nicht so recht, ob DeCraven da nicht etwas übertrieb.

Miss Sophie hielt ihn zurück.

»Glauben Sie an Seelenwanderung, Constabler Oggerty? Vielleicht von Tier zu Mensch? Oder umgekehrt?«
»Ich bin ein guter Anglikaner, Miss Sophie.«
»Was werden wir im nächsten Leben machen? Ist das nicht eine wirklich spannende Frage, Constabler Oggerty?«
Miss Sophie deutete auf den Raubtierkäfig.
»Sehen Sie, der Tiger!«

»Ja, verhält sich irgendwie seltsam, geradezu feindlich. Dieses Brüllen und dann die blitzenden Augen … Als wollte er uns etwas sagen.«

»Ja«, sagte Miss Sophie. »Ein reizendes Tier, nicht wahr? Sehen Sie nur, es sieht aus, als würde er mit seinen Fressknochen einen Kricket-Parcours bauen. Wie niedlich.«

An irgendetwas erinnerte Oggerty dieser leuchtend blaue, ja fast grelle Stofffetzen, mit dem der Tiger spielte. Aber er konnte sich im Moment nicht daran erinnern, wo er ihn schon mal gesehen hatte. Im Mondlicht konnte er darauf Flecken erkennen.

»Stoffreste zum Herumzerren«, erklärte Miss Sophie. »Gut für die Zähne.«

»Sind das Blutflecke da auf dem Stoff?«, erkundigte sich Oggerty.

»Dann bringt es dem Tigerchen mehr Spaß. Tierpsychologie, Constabler.«

»Und dieser runde Gegenstand, den er jetzt durch seinen Käfig schießt?«

»Sicher eine Kniescheibe. Diese Tiere sind wirklich sehr verspielt.«

Miss Sophie wandte sich an James. Der schnitt dem Tiger eine Grimasse.

»James, eines Tages werden wir dieses herrliche, stolze Tier zu uns nehmen.«

James schüttelte abwehrend mit den Kopf.

»O nein, Miss Sophie, solch ein wildes Tier …«

»Ich denke, er wird sich gut vor dem Kamin machen.«

James nickte ergeben.

»Sicher, Miss Sophie. Vor dem Kamin.«

* * *